Die besten Rezepte aus
*Schleswig-Holstein*

# Die besten Rezepte aus Schleswig-Holstein

Gesammelt,
aufgeschrieben und
ausprobiert von

GÜNTER PUMP

BuchVerlag für die Frau

Foto S. 2:  Besuchermagnet: Wasserschloss Glücksburg – eins der bedeutendsten
Residenzschlösser in Norddeutschland

ISBN 978-3-89798-545-2

© BuchVerlag für die Frau GmbH, Leipzig 2018
Covergestaltung und Layout: Uta Wolf, Quedlinburg
Fotos: alle Speise- und Landschaftsaufnahmen von Günter Pump, Nordhastedt,
        außer S. 68 und S. 88 (siehe Bildnachweis S. 94)
Kochstudio für Foodfotos von Günter Pump: ppfotodesign, Hohenhain 4, 25785 Nordhastedt
Druck und Bindung: COULEURS Print & More GmbH

Printed in Slovenia

www.buchverlag-fuer-die-frau.de

........................................................................................................................

**Der Großteil der Rezepte ist für vier Personen berechnet.** *Alle Rezepte und Tipps sind
mit Sorgfalt ausgewählt und geprüft. Eine Haftung des Verlages und seiner Beauftragten für alle
erdenklichen Schäden an Personen, Sach- und Vermögensgegenständen ist ausgeschlossen.*

# Inhalt

# Broken sööt und söötsuur – eine ungewöhnliche Küche

Die ursprünglich derbere Landküche in Schleswig-Holstein, die körperlich hart arbeitende Menschen versorgte, hat sich mit den heutigen Bedürfnissen gewandelt. Zur gewohnten Hausmannskost gesellt sich nun eine Vielzahl von neuen typischen Gerichten, die die Landfrauen abgewandelt oder neu entwickelt haben. Die Hausgärten und natürlich die vielen Wochenmärkte der Landstädte bleiben auch heute oft die wichtigsten Versorgungsquellen und sind in den vergangenen Jahrzehnten immer vielfältiger geworden.

Es gab nie eine einheitliche Küche in dem Land zwischen den Meeren, deshalb ist im Norden des Landes auch der Einfluss der dänischen Küche spürbar. Geprägt waren die Speisen durch die landschaftlichen Unterschiede. In der reichen Marsch bestimm-te die Viehzucht der wohlhabenden Bauern die Güte der Speisen. Auf der kargen Geest gab es viel Buchweizen als Hauptfrucht. In der Holsteinischen Schweiz im Gebiet der adligen Güter ließen sich die „Herrschaften" durch zugereiste Köche mit importierten Köstlichkeiten verwöhnen. Auf der Insel Fehmarn waren früher die Speisen genauso eigenwillig wie fett. Auf der anderen Seite des Landes auf den Inseln und Halligen wurde alles verspeist, was aus dem Wasser an Land geholt wurde. Nur ergänzt von dem, was auf den Eilanden gedieh.

Oft wurde in der ländlichen Küche alles zusammen gekocht, was man gerade so hatte. Fisch und Fleisch, Obst und Gemüse, möglichst frisch wenn die Jahreszeit es erlaubte und konserviert in den Wintermonaten. Dies prägte das eigenwillige Zusammen-

spiel der Gerichte in Schleswig-Holstein und damit die Geschmacksrichtungen, die man als *Broken sööt* und *söötsuur* bezeichnet. In einem der bekanntesten regionalen Gerichte, dem Eintopf *Birnen, Bohnen und Speck*, kann man das sehr gut schmecken.

Es ist Zusammengekochtes auf beste Art. Hier wird die Süße der Kochbirnen mit der deftigen Speckbrühe vermengt.
Am Anfang des Winters ist der Grünkohl ein besonderes Gericht, mit viel Schweinebacke, Kasseler und Kochwurst zu süßen

oder gebratenen Kartoffeln. Oder der Mehl-beutel mit fetter Schweinebacke und fruch-tig-süßer Soße oder Kompott.

Jedoch auch die natürlichen Bedingungen beeinflussen im Land zwischen der Nord- und Ostsee die Verwendung von Fleisch, Fisch oder Gemüse. Ohne die Tradition über Bord zu werfen, führen neue Kombinatio-nen das Landestypische weiter: So verträgt sich der Kohl aus dem größten zusammen-hängenden Anbaugebiet Deutschlands bes-tens mit dem Fleisch zarter Deichlämmer und natürlich auch mit den fangfrischen Krabben und Fischen.

Im Land der Marschen und Wiesen sind die schwarz- oder rotbunten Kühe zu Hause. Sie liefern die Milch für die regional be-kannten Käsesorten wie Holtseer Tilsiter oder Wilstermarschkäse und weitere Spezi-alitäten. Auf den Deichen und im Vorland grasen die Schafherden mit den Lämmern. Ihr Fleisch mit dem pikanten, leicht salzi-gen Geschmack ist sehr begehrt. Aber auch

für die Genießer handfester Hausmanns-kost ist viel vorhanden: Die saftigen Och-sensteaks, die schmackhafte Bauernwurst, der kernige Speck oder der bekannte Hol-steiner Katenschinken runden das reichli-che Angebot ab.

Noch immer sind die kulinarischen Tra-ditionen der Menschen in den einzelnen Regionen sehr verschieden. Auf manchem Herd wird noch Althergebrachtes gekocht, auch in den Landgasthöfen entdeckt man typische Gerichte in Pütt und Pann. Aber es wird auch hierzulande von vielen Spitzen-köchen kunstvoll angerichtet, so kommt oft das Traditionelle in neuem Gewand auf den Tisch.

So ungewöhnlich wie die Landesküche sind auch viele der traditionellen Bräuche und Feste wie Biikebrennen, Klootstocksprin-gen oder Rummelpottlaufen. Details dazu finden Sie ebenfalls in diesem Buch.

Viel Freude beim Lesen und Entdecken!

# Würzige Suppen und opulente Eintöpfe

# Kabeljausuppe

1/4 l Weißwein

1 Bund Suppengrün

1 Zwiebel

Salz, 1 Lorbeerblatt

5 Gewürzkörner

1 Bund Petersilie

1 kg Kabeljau mit Kopf (vom Fischhändler putzen und in Stücke schneiden lassen)

40 g Butter

20 g Mehl

Pfeffer, etwas Zucker

1/8 l süße Sahne

3 EL saure Sahne

2 Eigelb

150 g Nordsee-Krabbenfleisch

Den Weißwein und 1 Liter Wasser in einen Topf geben. Das geputzte Suppengrün und die gepellte Zwiebel grob zerkleinern, Salz, Gewürze und 1/2 Bund Petersilie zugeben und gut durchkochen lassen. Den Sud durch ein Sieb in einen Topf gießen. Die Fischstücke hineinlegen und auf schwacher Hitze etwa **20 bis 25 Minuten** ziehen lassen. Das Fischfilet darf nicht zerfallen. Anschließend herausnehmen, die Haut und die Gräten entfernen, das Fleisch nun in mundgerechte Stücke schneiden.

Aus Butter und Mehl eine helle Mehlschwitze bereiten, mit dem Sud ablöschen. Die Suppe noch einmal aufkochen lassen.

Dann mit Salz und Pfeffer und 1 Prise Zucker abschmecken. Mit süßer und saurer Sahne und Eigelb verfeinern.

Das Fischfilet und das Krabbenfleisch in der Suppe erhitzen, aber nicht mehr kochen lassen.

Vor dem Servieren die restliche gehackte Petersilie unterziehen.

Im „Pharisäerhof" in Nordstrand (Bild S. 9) wurde nicht nur der „Pharisäer" (S. 89/90) erfunden. Hier gibt's auch andere leckere Spezialitäten – von der Fischsuppe bis zum Dessert.

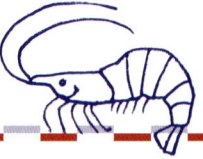

# Bongsieler Aalsuppe

250 g Backobst

1 Knochen vom Katenschinken

1 Stange Porree

1 kleine Knolle Sellerie

2 Stangen Staudensellerie

250 g Möhren

250 g Erbsen

500 g frischer Aal

Salz, Essig, Zucker

1 Bund Petersilie

Das Backobst in wenig Wasser über Nacht einweichen. Am Kochtag den Schinkenknochen waschen und in 2 Litern Wasser 60 Minuten kochen. Gemüse putzen und waschen. Porree und Staudensellerie in Ringe schneiden. Sellerie und Möhren klein würfeln.

Den Knochen aus der Brühe nehmen und das restliche Fleisch ablösen. Das eingeweichte Backobst mit dem Einweichwasser und dem Gemüse in die Brühe geben und 10 Minuten kochen lassen.

Den Aal waschen, häuten und in etwa 4 cm lange Stücke schneiden.

Die Suppe mit Salz, Essig und Zucker abschmecken, die Fisch- und die Fleischstücke in die Suppe geben und nochmals 20 Minuten ziehen lassen.

Die Aalsuppe in tiefe Teller füllen und mit gehackter Petersilie bestreut servieren.

**Tipp:** Den Aal vom Fischhändler ausnehmen lassen, denn die Galle darf nicht verletzt werden. Der Fisch schmeckt sonst bitter.

# Bohnensuppe nach Probsteier Art

500 g weiße Bohnen

250 g Schinkenspeck im Stück

1 Bund Suppengrün

300 g kleine Kartoffeln

1 Zwiebel

250 g Brechbohnen

1 EL Butter

1 EL Mehl, Salz

schwarzer Pfeffer aus der Mühle

gehackte Petersilie

gehacktes Bohnenkraut

Die weißen Bohnen im Wasser **über Nacht** einweichen. Vor dem Kochen abspülen und mit dem Stück Schinkenspeck und Wasser bedeckt bei mittlerer Hitze in etwa **20 Minuten** gar kochen.

Das geputzte und klein geschnittene Suppengrün, die geschälten und in Würfel geschnittenen Kartoffeln, die geschälte, grob gewürfelte Zwiebel und die Brechbohnen dazugeben und alles zusammen gar kochen.

Aus der Butter und dem Mehl eine dunkle Einbrenne rühren und die Suppe damit andicken.

Den Schinkenspeck herausnehmen und in Scheiben schneiden, wieder in die Suppe geben.

Mit Salz und Pfeffer abschmecken und mit der gehackten Petersilie und dem Bohnenkraut bestreut servieren.

*Zu den historischen Wirtschaftsgebäuden des Probsteier Heimatmuseums in Schönberg gehört der **Bohlenspeicher**. Er ist eine besondere Form des Getreide- und Vorratsspeichers, die so nur in der Probstei vorkommt. Umgeben ist der Speicher von einer Hofanlage mit regionaltypischen historischen Gebäuden und einem Bauerngarten.*

# Rotkohlcreme mit Rehstreifen

1 kleiner Rotkohl

Rotweinessig

1 l Gemüsefond

70 g Butter

70 g Mehl

1/4 l Sahne

4 cl Sherry

200 g Rehkeule

Rotkohl in feine Streifen schneiden. Einige Streifen zum Garnieren beiseitelegen, den großen Rest Rotkohlstreifen mit etwas Rotweinessig im Fond weichkochen, danach passieren. Abkühlen lassen.

Fett und Mehl erhitzen, mit der erkalteten Kohlbrühe auffüllen, unterrühren, zum Kochen bringen, erneut passieren. Mit Sahne, Sherry und etwas Rotweinessig verfeinern, aber nicht mehr kochen.

Das Rehfleisch in dünne Streifen schneiden, würzen und in der Pfanne mit etwas Öl braten, die Rotkohlcreme in vier tiefe Teller füllen, die Rehfleischstreifen zufügen.

Als Garnitur etwas Schlagsahne und Rotkohlstreifen.

# Büsumer Krabbensuppe

750 g frische Nordseekrabben
in der Schale

1 kleines Bund Suppengrün

60 g Butter

30 g Mehl

1/4 l trockener Weißwein

2 EL Tomatenketchup

2 TL Krebsbutter

Cayennepfeffer

etwas Zitronensaft

1 kleine Dose Spargelstücke

Krabben auspulen und die Schalen aufheben. Suppengrün putzen, waschen und klein würfeln. Krabbenschalen und Suppengrün in 30 g Butter anrösten und mit 1/2 Liter Wasser auffüllen. Bei wenig Hitze etwa **30 Minuten** kochen.
Das Mehl in der restlichen Butter anschwitzen. Weißwein, Tomatenketchup, Krebsbutter und die durch ein Sieb gegossene Krabbenbrühe unter Rühren dazugießen und **15 Minuten** leise köcheln lassen. Mit Cayennepfeffer und Zitronensaft würzig abschmecken. Die Spargelstücke abgetropft zur Suppe geben und heiß werden lassen.
Zum Schluss die Krabben zur Suppe geben, erhitzen und mit Schlagsahne und gehackter Petersilie sofort servieren.

**Tipp:** Die Nordseekrabben sollte man unbedingt in der Schale kaufen, denn die Krabbenschalen geben dem Sud das Aroma. Ungepulte Krabben gibt es in den Fischgeschäften, hier werden sie pfundweise abgewogen. Wenn man in den Häfen direkt vom Kutter kauft, werden die Krabben mit dem Litermaß abgemessen.

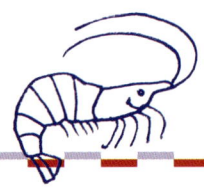

# Frische Suppe nordfriesischer Art

1 kg Rindfleisch

1 Beinscheibe

Salz, 1 Bund Suppengrün

1 Msp. Safran

2 Möhren

Petersilie

*Grießklößchen:*

1/4 l Milch

1 TL Butter

Salz, Muskat

100 g Grieß, 2 Eier

Rindfleisch, Beinscheibe, etwas Salz und grob zerkleinertes Suppengrün in 2 Liter Wasser etwa **1 1/2 bis 2 Stunden** in einem großen Topf kochen.

In der Zwischenzeit die Grießklößchen zubereiten. Milch, Butter und Gewürze zum Kochen bringen. Topf vom Herd nehmen. Grieß hineingeben, zu einem Kloß rühren und unter Rühren noch etwa **1 Minute** erhitzen. Heißen Kloß in eine Schüssel geben und die Eier darunter rühren. Mit Hilfe eines nassen Esslöffels Klößchen formen und in einem Extratopf in heißem Wasser ziehen lassen, bis sie oben schwimmen.

Die Fleischbrühe durchsieben und mit Safran abschmecken. Das Fleisch in Würfel schneiden und in die Suppe geben. Die Möhren in Scheiben schneiden und ebenfalls zur Suppe geben. Noch ca. **5 bis 10 Minuten** kochen, bis die Möhren bissfest sind.

Dann die Klößchen in die Suppe geben und vor dem Servieren mit gehackter Petersilie bestreuen.

# Specksuppe mit Backpflaumen und Butterklößchen

1 1/2 l Kalbsbrühe

250 g Speckschwarte

100 g Suppengemüse

4 EL Kräuteressig

12 entsteinte Backpflaumen

*Butterklößchen:*

180 g Butter

6 Eigelb

2 TL Mehl, 2 TL Grieß

100 g Weißbrot ohne Rinde

Salz, Muskat

Die Kalbsbrühe mit der Speckschwarte und dem grob zerkleinerten Suppengemüse kalt aufsetzen und etwa **60 Minuten** auf kleiner Flamme köcheln lassen, durch ein Tuch passieren und mit dem Essig abschmecken.

Für die Butterklößchen die Butter schaumig rühren, Eigelb nach und nach unterrühren. Grieß, Mehl und das Brot unter die Buttermasse heben. Mit Muskat und Salz würzen. Mit einem Teelöffel die Klößchen abstechen und in leicht köchelndem Salzwasser pochieren.

Die Backpflaumen vierteln und in die Suppe geben. Das Suppengemüse in mundgerechte Würfel schneiden und mit den Klößchen in der Suppe erwärmen.

# Buttermilchsuppe mit Grießklößchen

1 l Buttermilch

etwas abgeriebene Zitronenschale

1 EL Puddingpulver

1 Ei, Zucker

*Grießklößchen:*

1/4 l Milch

Butter

Salz

100 g Grieß

3 Eier, Mehl

Zuerst die Grießklößchen zubereiten. Dafür die Milch, 1 TL Butter und etwas Salz aufkochen. Grieß hineingeben und abbacken. Nach und nach die drei Eier unterrühren. Eventuell noch etwas Mehl zufügen. Dann mit einem Esslöffel Klößchen abstechen und in der Suppe garen.

Für die Suppe die Buttermilch mit Zitronenschale zum Kochen bringen. Kurz davor mit dem Schneebesen gut durchschlagen. Das angerührte Puddingpulver einrühren. Nun die Grießklößchen zufügen und garen, danach das Ei und 2 EL Zucker mit dem Schneebesen zum Zuckerei schlagen und die Suppe damit abschmecken.

*Als auf den Bauernhöfen noch gebuttert wurde, fiel als Nebenprodukt Buttermilch an, die auch verbraucht werden musste. Deshalb kam am Abend nach einer Schüssel Bratkartoffeln oft noch ein Topf mit Buttermilchsuppe auf den Tisch.*

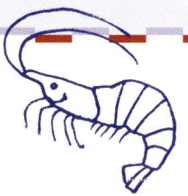

# Fliederbeersuppe mit Klößchen und Äpfeln

500 g Fliederbeeren

100 g säuerliche Äpfel, Zucker

15 – 20 g Kartoffelmehl

*Grießklößchen:*

50 g Weizengrieß

1/8 l Milch

1 TL Butter

Salz, Muskat, 1 Ei

Die Fliederbeeren mit 2 Liter Wasser zum Kochen bringen. Die Suppe durch ein Sieb geben. Die geschälten, in Viertel geschnittenen Äpfel darin weichkochen (sie dürfen aber nicht zerfallen). Dann die Suppe nach Geschmack mit etwas Kartoffelmehl sämig binden, mit Zucker abschmecken und mit den Klößchen zu Tisch geben.

Für die Grießklößchen Milch, Butter und Gewürze zum Kochen bringen. Topf vom Herd nehmen. Grieß hineinschütten, zu einem Kloß rühren und unter Rühren noch etwa **1 Minute** erhitzen. Heißen Kloß in eine Schüssel geben und das Ei unterrühren. Mit einem nassen Löffel kleine Klöße abstechen und in kochendem Salzwasser gar ziehen lassen.

# Nordfriesische Weinsuppe

125 g Perlgraupen

100 g Rosinen

abgeriebene Schale und Saft von 1 Zitrone

1/2 – 3/4 l Weißwein

2 Eier, Zucker

Perlgraupen mit Rosinen und Zitronenschale in 1 1/4 Liter Wasser gar kochen. Zitronensaft und den Weißwein hinzugeben. Eier und Zucker zum Zuckerei schlagen und ebenfalls an die Suppe geben.

### Biikebrennen

Am 21. Februar, dem Vorabend des Petri-Tages feiern die Friesen an der schleswig-holsteinischen Westküste ihr Biikebrennen. Es gilt als ältester nordfriesischer Brauch und war ursprünglich ein heidnisches Ritual, dessen Ursprung in mythischer Vergangenheit liegen mag. Zum Biikebrennen versammelten sich früher die Seeleute der Inseln und Halligen und rüsteten zur gemeinsamen Ausfahrt zu den großen Häfen. Oft war das Brennen in jedem Jahr die letzte gemeinsame Feier der Seefahrer.

Heute ist es ein Volksfest, an dem auch viele Touristen regen Anteil nehmen. In der Abenddämmerung wird aufgeschichtetes Holz – Zweige und abgeputzte Weihnachtsbäume – entzündet, meterhohe Flammen lodern in den Himmel.

Wenn die Feuer erloschen sind, bieten zahlreiche Lokale das typische Biike-Gericht an: Grünkohl mit Fleisch, Wurst und Kartoffeln (siehe S. 64).

## Weißkohleintopf mit Gulasch

| |
| --- |
| 500 g Rindergulasch |
| ca. 500 ml Brühe |
| 1 kg Weißkohl |
| 1 Zwiebel |
| 1 rote Paprikaschote |
| Salz, Pfeffer, Kümmel |
| 1 kg Kartoffeln |

Gulasch anbraten, mit Brühe nach Bedarf ablöschen (ca. **30 Minuten** kochen lassen). Den grob geschnittenen Weißkohl dazugeben. Die Zwiebel und Paprikaschote in Streifen schneiden, Salz, Pfeffer und Kümmel dazugeben. Kartoffeln schälen und würfeln, ebenfalls in den Topf geben und alles zusammen garen.

# Kohlsuppe

| |
| --- |
| 250 g Weißkohl |
| 50 g Räucherspeck |
| 1 Zwiebel, 1 l Fleischbrühe |
| 2 Lorbeerblätter |
| 200 g Lammfleisch |
| Salz, Zucker, Pfeffer |
| Majoran, Kümmel |
| 100 g gekochte Rote Bete |

Geputzten, gewaschenen Weißkohl würfelig schneiden. Speck- und Zwiebelwürfel glasig anschwitzen, Weißkohl zufügen, mit der Fleischbrühe auffüllen. Lammfleisch und Gewürze zugeben. Alles weich kochen.

Wenn das Fleisch gar ist, herausnehmen und in Würfel schneiden, dann wieder in die Suppe geben. Die gewürfelte Rote Bete zugeben, in tiefen Tellern anrichten und mit gehackter Petersilie bestreuen.

# Graue Erbsen

| |
| --- |
| 500 g graue Erbsen |
| 500 g Schweinebacke |
| 500 g Kasseler Nacken |
| 1 Bund Suppengemüse |
| 4 kleine Kochwürste |
| Salz, Pfeffer, 3 Zwiebeln |

Die gewaschenen und über Nacht eingeweichten Erbsen in 1 Liter Wasser zum Kochen bringen. Nach **60 Minuten** die Schweinebacke, den Kasseler und das gewürfelte Suppengemüse dazugeben und weitere **60 Minuten** garen. In den letzten **25 Minuten** die Kochwürste in den Topf geben.

Schweinebacke und Kasseler in Scheiben schneiden und mit den Kochwürsten und den abgeschmeckten Erbsen anrichten. Zwiebeln schälen, in Ringe schneiden und in etwas Butter goldbraun braten. Die Zwiebelringe über das Gericht geben. Als Beilage eignen sich Salzkartoffeln.

# Birnen, Bohnen und Speck

*500 g durchwachsener*
*Räucherspeck*

*1 kg Brechbohnen*

*1/2 Bund Bohnenkraut*

*Salz*

*weißer Pfeffer aus der Mühle*

*500 g kleine harte Kochbirnen*

*Petersilie zum Garnieren*

Den Speck in 1/2 Liter Wasser ca. **10 Minuten** zugedeckt kochen. Inzwischen die Bohnen waschen und putzen, halbieren und bei Bedarf die Fäden abziehen. Zum Speck in den Topf geben, eventuell noch etwas heißes Wasser angießen. Das Bohnenkraut dazulegen, mit Pfeffer würzen. Zugedeckt etwa **15 Minuten** weitergaren.

Den Blütenansatz der Birnen entfernen und mit Stiel auf die Bohnen legen und gar werden lassen. Sie sollen weich sein, aber nicht zerfallen.

Den Speck herausnehmen und in Scheiben schneiden, mit den Birnen und Bohnen anrichten. Das Gericht mit gehackter Petersilie garnieren.

*Früher wurden die Birnen vom Teller beherzt am Stiel gepackt und rundum abgenagt, heute zerlegt man sie mit Messer und Gabel.*

# Angelner Schnüsch

250 g Erbsen

250 g Möhren

Salz, 1 Msp. Zucker

250 g Brechbohnen

250 g Kartoffeln

1/2 l Milch

3 EL gehackte Petersilie

60 g Butter

weißer Pfeffer aus der Mühle

Erbsen und die in Scheiben geschnittenen Möhren in wenig Wasser mit etwas Salz und Zucker garen.

Die Brechbohnen mit Salz auch in wenig Wasser garen. Die Kartoffeln in der Schale kochen, etwas abkühlen lassen, dann abpellen und in Scheiben schneiden.

Die Milch mit der gehackten Petersilie und Butter aufkochen, das Gemüse und die Kartoffelscheiben mit jeweils etwa 2 EL Kochbrühe hineingeben und mit Salz, Pfeffer und Zucker pikant abschmecken. Sofort heiß servieren.

Als Beilage wird in Scheiben geschnittener Katenschinken gereicht.

Schnüsch oder auch Schnusch ist ein traditionelles Gericht in Angeln. Gemüse und Kartoffeln hatte man in der Landschaft Angeln im Garten. Milch gab das Vieh. So hatte man die Zutaten für den Eintopf beisammen. Als Beilage wurde oft ein Stück vom restlichen Schinken gereicht.

Zu Recht ist der Holsteiner Katenschinken berühmt und wird stets gelobt: herrlich duftend, mild geräuchert und kräftig rot – einfach zum Genießen. Im Land findet man zahlreiche Räuchereien, die in alten Katen unter dem Dach Hunderte von Schinken in aller Ruhe nach dem Pökeln im Rauch reifen lassen.

Alleine der Duft lässt einem schon vor der Diele das Wasser im Munde zusammenlaufen.

*Das Holstentor („Holstein-Tor"),
Hansestadt Lübeck*

# Lübecker National

750 g Schweinefleisch
aus der Oberschale

2 TL Salz

700 g Steckrüben

700 g Kartoffeln

2 Zwiebeln

1/2 Bund glatte Petersilie

frisch gemahlener weißer Pfeffer

Das Schweinefleisch in 1 1/2 Liter kaltem Wasser mit 1 TL Salz bei mittlerer Hitze **60 Minuten** köcheln lassen.

Inzwischen die Steckrüben putzen, die Kartoffeln waschen und schälen. Die Zwiebeln abziehen und alles in grobe Scheiben schneiden.

Das Fleisch aus der Brühe nehmen. Rüben, Kartoffeln und Zwiebeln sowie 1 TL Salz in die Brühe geben. Zugedeckt **30 Minuten** garen. Die Petersilie waschen, trockenschütteln und hacken. Das Fleisch in grobe Würfel schneiden und wieder in die Brühe zum Gemüse geben. Umrühren, pfeffern und mit der Petersilie überstreuen.

**Tipp:** Petersilie ist bei uns wohl das bekannteste Küchenkraut. Es hat einen sehr angenehmen Geschmack und lässt sich mit jedem anderen Küchenkraut kombinieren. Es gibt kaum ein Gericht, das mit Petersilie nicht verfeinert werden kann.

# Rübenmus

1 große Steckrübe (ca. 1,5 kg)

1 Apfel

1 Zwiebel

1 kg Bauchfleisch

1 kg Kartoffeln

Zucker, Salz, Sahne

Maggiwürze

Die Steckrübe waschen, schälen und in Stücke schneiden. Den geschälten und entkernten Apfel und die abgezogene Zwiebel in kleine Stücke schneiden. Mit der Steckrübe und dem Bauchfleisch in einem passenden Topf mit Wasser bedecken und etwa **2 Stunden** mit 1 Prise Salz und Zucker kochen.

In einem zweiten Topf die Salzkartoffeln kochen.

Nach der Garzeit das Fleisch herausnehmen, die Kartoffeln und die Rüben mit einem Handstampfer zerdrücken und zu Mus stampfen. Dann die gestampften Kartoffeln und die gestampfte Rübe mit einem Schuss Sahne und Maggiwürze verrühren. Zu dem Mus das in Scheiben geschnittene Bauchfleisch servieren.

Danach gibt es immer eine süße Nachspeise.

*Im Winter 1917/18 musste die Steckrübe fast alle fehlenden Lebensmittel ersetzen, man backte sogar Brote mit der Rübe. So galt diese Frucht lange als Arme-Leute-Essen. Erst seit wenigen Jahren wird sie in traditionellen Gerichten wieder verwendet.*

# Aus Flüssen, Seen und Meer – feine Fischgerichte

# Kieler Sprotten mit Rührei

8 Eier

3 EL Milch

Salz, Pfeffer

16 Kieler Sprotten

1/2 Bund Petersilie

1/2 Bund Schnittlauch

40 g Butter

4 Scheiben Roggenbrot

In einer Schüssel die Eier mit der Milch verquirlen, mit Salz und Pfeffer würzen. Die Sprotten köpfen und den Schwanz entfernen, vom Rücken her aufklappen, Gräte mit Hilfe einer Gabel herausnehmen und die dunklen Innereien im Bauchraum mit einem Messer herausschaben. Übrig bleiben dann zwei grätenfreie Filets mit Haut. Die Kräuter waschen, trockenschütteln und klein hacken.

Die Butter in einer Pfanne zerlassen. Die Eiermischung hineingeben und langsam stocken lassen, dabei die Eimasse von außen nach innen schieben. Das Rührei darf nicht trocken werden, es muss noch glänzen.

Die Sprotten dazugeben, vorsichtig unter die Eimasse heben und etwa 3 Minuten erwärmen.

Das Rührei auf getoastetem Roggenbrot auf Tellern anrichten. Mit den gehackten Kräutern bestreuen.

*Die **Kieler Sprotte** (lat. Clupea sprattus) ist ein Schwarmfisch. Der Fisch ist verwandt mit dem Hering und wird in der Kieler Bucht gefangen. Die Kisten sind zwar schon seit weit über hundert Jahren beschriftet mit: „Echte Kieler Sprotten", sie stammen jedoch aus Eckernförde. Denn lange, bevor Eckernförde 1880 einen Eisenbahnanschluss erhielt, wurden die typischen Kisten mit den goldigen Fischlein mit dem Fuhrwerk nach Kiel transportiert und dort aufgegeben. Und, wie's bei der Bahn üblich war, bekamen die Kisten mit der weltbekannten Delikatesse den Stempel der Abgangsstation.*

# Räucherlachsröllchen

*300 g Räucherlachsscheiben*

*100 g Crème fraîche*

*1 Bund Schnittlauch*

*Salz, Pfeffer*

*etwas Zitronensaft*

*3 Blatt Gelatine*

*100 ml Sahne*

*1 Bund Dill*

Die Räucherlachsscheiben auf ein Schneidebrett legen. Die Ränder gerade schneiden, sodass Rechtecke von ca. 5 cm x 6 cm entstehen. Die Reste in kleine Würfel schneiden, in eine Schüssel geben und mit Crème fraîche verrühren. Den Schnittlauch fein schneiden und untermischen. Mit Salz, Pfeffer und Zitronensaft würzen.

Die Schüssel über ein heißes Wasserbad stellen und die Lachsmasse unter ständigem Rühren auf etwa **25°C** erwärmen. Die eingeweichte aufgelöste Gelatine vorsichtig unterrühren. Die Sahne steif schlagen und gleichmäßig unterziehen. Die Farce etwa **60 Minuten** im Kühlschrank abkühlen lassen. In einen Spritzbeutel füllen und auf die schmale Seite der Lachsscheiben spritzen. Zusammenrollen und **2 Stunden** im Kühlschrank gut durchkühlen lassen.

Mit einem scharfen, nassen Messer schräg in Scheiben schneiden, auf einer Platte anrichten und mit Dill garnieren.

**Tipp:** Schnittlauch nimmt man für alle Gerichte, die einen feinen Zwiebelgeschmack erhalten sollen. Er kann mit anderen frischen Kräutern kombiniert werden. Als Gewürz Schnittlauch immer zum Schluss zu den Speisen geben.

# Kohlpfannkuchen gefüllt mit Nordsee-Meeresfrüchten

*Pfannkuchen:*

300 g Weißkohl

250 g Mehl

1/2 l Milch

4 Eier, 50 g zerlassene Butter

1 Bund Schnittlauch in Ringe geschnitten

Salz, Pfeffer

2 EL Öl zum Braten

*Füllung/Beilage:*

500 g Meeresfrüchte wie Schollenfilet, Steinbeißerfilet, Seezungenfilet, Heringshai;

500 g ungepulte Nordseekrabben

*Kräutersoße:*

40 g Butter, 40 g Weizenmehl

1/2 l Gemüsebrühe

frische Kräuter nach Wahl (Petersilie, Basilikum, Estragon, Kerbel)

Den Weißkohl waschen, abtropfen lassen und in feine Streifen geschnitten leicht ankochen.

Alle übrigen Pfannkuchen-Zutaten ohne den Kohl und das Öl glatt rühren, **30 Minuten** ruhen lassen und den Kohl unterheben. In einer geölten Bratpfanne Pfannkuchen ausbacken und warm stellen.

Die Kräutersoße zubereiten. Dafür Butter erhitzen, das Mehl dazugeben und unter ständigem Rühren hellgelb werden lassen. Die Brühe angießen, dann ständig rühren, bis die Soße wieder kocht. Dann bei milder Hitze noch **5 Minuten** kochen lassen, damit sich der Mehlgeschmack verliert. Mit Salz und feingehackten Kräutern abschmecken. Die Meeresfrüchte in Würfel schneiden und in der Kräutersoße garen.

Dann die Kohlpfannkuchen damit füllen. Die Nordseekrabben auspulen und über die Pfannkuchen streuen.

# Matjesfilet mit grünen Bohnen

8 Matjesfilets

1/4 l Milch

1 kg neue Kartoffeln

1 TL Kümmel, Salz

1 kg grüne Bohnen

250 g Schinkenspeck

2 Zwiebeln

Matjesfilets kalt abspülen und bei Bedarf 30 Minuten in Milch legen.

Kartoffeln waschen und ungeschält in Wasser mit Kümmel und Salz garen. Bohnen putzen, waschen und in wenig Salzwasser 25 Minuten garen. Schinkenspeck ausbraten, die Zwiebelringe darin hellgelb rösten.

Die grünen Bohnen zusammen mit den abgetropften Matjesfilets und Kartoffeln servieren. Zum Schluss die Schinkenwürfel mit den Zwiebelringen über die Bohnen geben.

# Matjes-Burger

50 g Blattsalat

2 – 3 Radieschen

4 Scheiben Frühstücksspeck

8 Brötchen

2 EL Olivenöl

4 eingelegte Matjesfilets

*Remoulade:*

2 Essiggurken

1 EL eingelegte Kapern

2 Sardellenfilets

4 Stiele Dill

1 Bund Schnittlauch

250 g Mayonnaise

150 g Sauerrahm

Salz und Pfeffer aus der Mühle

Den Blattsalat waschen, trockenschütteln und beiseite stellen. Die Radieschen waschen, putzen und in feine Scheiben schneiden.

Für die Remoulade die Essiggurken zusammen mit den Kapern und Sardellenfilets hacken. Dill und Schnittlauch waschen und trocken schütteln. Den Dill von den Stielen zupfen und klein hacken. Den Schnittlauch in feine Ringe schneiden. Alles mit Mayonnaise und Sauerrahm mischen, salzen und pfeffern.

Den Frühstücksspeck halbieren, auf ein mit Backpapier belegtes Blech verteilen und im vorgeheizten Backofen bei **180 °C** etwa **5 bis 8 Minuten** knusprig ausbacken. Die Brötchen halbieren, Schnittfläche in einer Pfanne mit Olivenöl anrösten. Die unteren Brötchenhälften mit Remoulade bestreichen. Den Salat und Matjes darauf verteilen, mit Speck und Radieschenscheiben belegen, die oberen Brötchenhälften auflegen und servieren.

# Glückstädter Matjesröllchen auf Apfelringen

2 große Äpfel

1 TL Zitronensaft

1/4 l Schlagsahne

1 – 2 EL frisch geriebener Meerrettich

1 Prise Zucker

8 Matjesfilets

1 EL Preiselbeeren

1 TL fein gehackter Dill

Die Äpfel schälen, das Kerngehäuse ausstechen und die Äpfel in je 4 Ringe schneiden. Die Apfelringe mit Zitronensaft beträufeln. Die geschlagene Sahne mit Meerrettich und Zucker verrühren, die Filets zusammengerollt auf je einen Apfelring setzen und mit Meerrettichsahne füllen. Mit den Preiselbeeren und dem Dill zum Schluss garnieren.

*Der Name* **Matjes** *stammt aus dem Holländischen von „Meisjes", Mädchenhering. Was sind denn nun eigentlich Matjes? Ganz einfach: jungfräuliche Heringe, die noch nicht gelaicht haben. Im Mai oder Juni werden sie gefangen und sofort auf See gekehlt (geschlachtet) und gesalzen.*

### Matjestage in Glückstadt
*Alljährlich im Frühsommer feiert die Stadt an der Elbe die Matjeswochen. Viele Prominente kommen hierher, um als erste die jungen Heringe aus den Fässern zu verkosten. Die Matjeswochen haben eine lange Tradition. Der Ursprung der Veranstaltung reicht bis in die Zeit zurück, als die Heringslogger, welche lange auf See waren, die ersten Fässer mit den Matjes in Glückstadt anlandeten.*

# Heringshäppchen mit Dill

2 Bismarckheringe

2 dicke Scheiben dunkles Vollkornbrot

1 Bund Dill

40 g Butter

1/2 Gemüsezwiebel

4 Radieschen

Heringe sehr gut abtropfen lassen, einmal längs durchschneiden und jedes Filet nochmals der Länge nach halbieren.

Die Brotscheiben in 8 gleich große Quadrate schneiden. 1/2 Bund Dill fein hacken und mit der Butter vermischen. Brotstücke damit bestreichen. Restlichen Dill in Stücke schneiden, je 1 Dillzweig quer auf 1 Heringsfilet legen und aufrollen. Zwiebel schälen und in feine Ringe schneiden. Radieschen waschen und in feine Scheiben schneiden. Zwiebelringe und Radieschenscheiben auf den Brotstücken verteilen. Fischröllchen darauf legen und alles mit einem Holzspieß feststecken.

*Der **Hering**, die Delikatesse der Fischküche, ist ein ausgesprochener Schwarmfisch, der in der Nord- und Ostsee lebt. Heringe erreichen ein Gewicht von etwa 300 g und eine Länge von etwa 30 cm. Ihr Körper ist dicht mit Schuppen besetzt, an den Seiten silberglänzend und am Rücken grünblau gefärbt. Ihr Fettgehalt hängt von der Fangzeit ab. Im Frühling sind Heringe fetter als im Herbst und von April bis Juli schmecken sie am besten.*

# Gebratene Ostseeheringe

**Pro Person:**

2 – 3 frische Heringe

Salz, etwas Essig, Mehl

Butterschmalz

durchwachsener Speck

Die Heringe von der Mittelgräte befreien und gut säubern. Mit Salz einreiben und mit etwas Essig übergießen. Etwa **60 Minuten** stehenlassen. Heringe mit einem Küchentuch abtrocknen, in Mehl wenden und in Butterschmalz mit einer Scheibe durchwachsenem Speck von beiden Seiten goldgelb braten.

Die **Holmer Beliebung** ist eine beruflich bestimmte Vereinigung als Sterbe- und Unterstützungskasse. Sie wurde 1650 unter der Verpflichtung zur gegenseitigen Hilfeleistung von den Schleswiger Fischern in Anlehnung an die in anderen Stadtteilen bereits vorhandenen Sterbekassen gegründet. Durch die besondere Lage der Fischersiedlung auf dem Schleswiger Holm ist der Umzug zugleich Berufsgruppen- und Stadtteilfest. Während die Männer zum abendlichen Festumzug einheitlich im dunklen Anzug mit Zylinder erscheinen, kennen die Damen keine derartigen Kleidungsvorschriften: Vom langen Abendkleid bis zum legeren Hosenanzug ist alles vertreten. Der Bedeutung des Tages gemäß sind die Straßen mit Ehrenpforten und Girlanden, Fahnen und Schiffsdarstellungen geschmückt.

*Umzug der Holmer Beliebung*

# Kutterscholle mit Nordseekrabben

4 küchenfertige Schollen
ohne Kopf à 250 g
.....................................
Salz, Saft von 1 Zitrone
.....................................
150 g Mehl, 250 g Butter
.....................................
250 g magerer Bauchspeck
.....................................
etwa 250 g Krabbenfleisch
.....................................
1 Bund Petersilie
.....................................

Schollen unter fließendem Wasser abspülen, trockentupfen und salzen. Dann mit Zitronensaft beträufeln und von beiden Seiten bemehlen. Das überschüssige Mehl abklopfen und die Schollen in geklärter Butter mit der dunklen Seite zuerst braten, dann wenden und ebenso goldgelb braten. Speckwürfel in die Pfanne geben und mit der Scholle ausbraten. Die Schollen mit den Krabben anrichten und mit Petersilie garnieren.

Dazu gekochte neue Kartoffeln reichen.

*Überall in den Häfen werden* **Schollen** *von den Fischern angelandet. Fangfrisch in Speck gebraten sind sie ein besonderer Genuss. Das feine weiße und delikate Fleisch sollte nicht zu lange gebraten werden, damit es nicht austrocknet.*

# Dorsch auf dem Blech

*1 ganzer Dorsch ohne Kopf*
*ca. 1,2 kg*

*durchwachsener Speck*

*Tomaten, Zwiebeln, Äpfel,*
*Paprika*

*Salz, Pfeffer*

*500 ml Schlagsahne*

*geriebener Käse (z. B. Gouda)*

Den Fisch in typischer Weise säubern und vorbereiten, auf ein tiefes Backblech legen. Den Speck in Streifen auf den Fisch legen. Tomaten, Zwiebeln, Äpfel und Paprika, so viel man davon mag, putzen und in grobe Stücke schneiden. Gemüse- und Obststücke auf das Backblech um den Fisch legen. Nach Geschmack salzen und pfeffern. Die Schlagsahne darüber gießen und das Blech in den vorgeheizten Ofen schieben und bei **180 °C** ca. **30 Minuten** backen, dann den geriebenen Gouda über das Gericht geben. Jetzt nochmals ca. **15 Minuten** bei **180 °C** backen.
Dazu schmecken Salzkartoffeln.

*In Deutschland gibt es zwei Namen für eigentlich einen Fisch, den Gadus morhua. Die Namen* **Dorsch** *und* **Kabeljau** *beziehen sich auf ein und dieselbe Fischart. Als Jungfisch wird er Dorsch genannt, als älterer, laichreifer Fisch heißt er Kabeljau. Wie man ihn nennt, hängt auch von seiner Herkunft ab. Fische aus der Ostsee nennt man meist Dorsch, alle anderen Kabeljau.*

# Makrele auf Gemüse

500 g Möhren

250 g Kohlrabi

500 g Kartoffeln

30 g Butter

1 Zwiebel

Salz, Pfeffer

Muskatnuss

1 Fleischbrühwürfel

4 Makrelen à 500 g

Zitronensaft

Petersilie

Möhren, Kohlrabi und Kartoffeln schälen, waschen und in Würfel schneiden. Butter in einer feuerfesten Form schmelzen. Zwiebelwürfel darin goldgelb dünsten. Das Gemüse zugeben. Mit Salz, Pfeffer, geriebener Muskatnuss und dem zerdrückten Fleischbrühwürfel würzen. So viel heißes Wasser zugießen, bis das Gemüse gerade bedeckt ist. Alles in den auf **180 °C** vorgeheizten Backofen schieben und zugedeckt ca. **20 Minuten** garen lassen.

In der Zwischenzeit die Makrelen säubern, säuern, salzen. Die Makrelen auf das Gemüse legen, mit etwas Gemüsebrühe begießen und weitere **15 Minuten** im Ofen garen.

Vor dem Servieren alles mit gehackter Petersilie bestreuen.

*Selenter See*

## Maränen aus dem Selenter See

4 Maränen je etwa 300 g

Salz, Zitronensaft

50 g Butter

1 Bund Petersilie

Die ausgenommenen Maränen waschen und mit Küchenkrepp trockentupfen. Mit Zitronensaft beträufeln und innen und außen salzen. Den Backofen auf **200 °C** vorheizen. Die Butter in einer flachen feuerfesten Form mit Deckel erhitzen. Die Petersilie fein hacken und in der Butter kurz andünsten. Die Fische in die Petersilienbutter legen, die Form zudecken und die Maränen auf der mittleren Schiene im Backofen etwa **15 Minuten** gar dünsten. Hin und wieder mit der Butter aus der Form begießen.

Auf vorgewärmten Tellern anrichten. Als Beilage kleine neue Kartoffeln und frischer Gurkensalat.

*Zur großen Familie der lachsartigen Fische gehört auch die **Maräne**. Die kleine Maräne ist etwa 35 bis 40 cm lang, hat silberglänzende Seiten und einen blaugrünen Rücken. Sie lebt im Selenter See. Ihr Fleisch ist zart und von feinem Aroma.*

# Krabbenbrot

4 Scheiben Vollkornbrot

Butter zum Bestreichen

1 Kästchen Kresse

1 kg frische Nordseekrabben
(ergibt 250 g Krabbenfleisch)

Zitronensaft

4 Eier

2 EL Butter

Salz, Pfeffer

Die Brotscheiben nicht zu dünn buttern. Die ausgepulten Krabben auf den Brotscheiben anrichten und mit Kresse garnieren. Mit Zitronensaft beträufeln.

Die Eier in einer Pfanne in der gerade aufschäumenden Butter ausbacken. Jedes Brot mit einem Ei belegen. Leicht mit Pfeffer überstäuben.

# Friesenbrot

4 geräucherte Forellenfilets

1 Apfel

4 EL Salatmayonnaise

2 TL geriebener Meerrettich

4 Scheiben Weißbrot

Butter

4 Salatblätter

Die Forellenfilets sauber häuten und auf Brotgröße schneiden. Den Apfel waschen, das Kerngehäuse ausstechen und das Fruchtfleisch in feine Scheiben schneiden.

Die Mayonnaise mit dem Meerrettich fein abschmecken. Das Brot leicht toasten, buttern, mit gewaschenen, abgetropften Salatblättern belegen. Die Forellenfilets darauf anrichten und mit jeweils 1 EL Mayonnaise garnieren.

# Miesmuscheln Föhrer Art

2 kg küchenfertige Miesmuscheln

1 Stange Lauch

3 Möhren

etwas frische Petersilie

3 Lorbeerblätter

1 Zwiebel

frisch gemahlener Pfeffer, Salz

etwas Knoblauch

1/4 l Weißwein

Die Miesmuscheln unter fließendem Wasser gründlich abbürsten und eventuelle „Bärte" entfernen. Offene Muscheln aussortieren. Gemüse putzen und in Stücke schneiden.

In einem großen Kochtopf etwa 1 Liter Wasser und den Weißwein mit Gemüse und Gewürzen zum Kochen bringen.

Die Muscheln in den Sud geben und im geschlossenen Topf **10 bis 15 Minuten** bei mittlerer Hitze kochen. Zwischendurch den Topf mehrmals rütteln. Muscheln mit einer Schaumkelle aus dem Topf nehmen (ungeöffnete Muscheln aussortieren).

Dazu Weiß- oder Schwarzbrot mit Butter oder Knoblauchsoße.

*Die **Muscheln** entstammen Kulturen oder Muschelbänken, die von Muschelzüchtern angelegt werden. Miesmuscheln sind anspruchslos, sie werden auf beinahe jeder Unterlage sesshaft. Weil sie sich früher auch an Schiffswänden festsetzten, wurden sie über alle Ozeane verbreitet. Die Miesmuschel ist heute die am häufigsten verspeiste Muschelart.*

39

### Föhrer Friesentracht

*In der Mitte des 19. Jahrhunderts ist wohl die heutige Form der Föhrer Festtracht entstanden. Sie wird nur zu Festtagen angelegt und nun auch zu den Heimatfesten und Treffen mit anderen Trachtengruppen.*

*Das schwarze Kopftuch ist aus dünnem Kaschmirtuch. Es trägt eine Verzierung in Form eines etwa acht Zentimeter breiten Samtbands, das bestickt und mit Fransen besetzt ist. Dieses Tuch wird kunstvoll haubenartig geschlungen. An der Stirnseite befindet sich eine handgestickte Bordüre mit Blumenmustern und an den Seiten sind lange schwarze Fransen angenäht. Ein besonderer Blickfang ist der reiche Filigran-Silberschmuck. Er besteht aus zehn bis zwölf Knöpfen, sowie einer mehrgliedrigen Hakenkette. Die Kette ist eine drei- oder vierreihige Gliederkette mit einem Amulett in der Mitte, das mit Kreuz, Herz und Anker die Symbole für Glaube, Liebe und Hoffnung und zugleich die Zeichen der christlichen Tugenden zeigt.*

# Sylter Austern

| | |
|---|---|
| 8 Sylter Austern | |
| 2 Schalotten | |
| 3 EL Weißweinessig | |
| Meersalz | |
| Pfeffer aus der Mühle | |
| 80 ml Olivenöl, 1 Bund Kerbel | |

Austern öffnen und dabei darauf achten, dass die Austernflüssigkeit in der Schale bleibt.

Schalotten abziehen und fein würfeln. Mit Essig, Salz und Pfeffer verrühren, dann das Öl unterquirlen. Kerbel fein hacken und ebenfalls unter die Vinaigrette rühren.

Austern in den Schalen mit der Vinaigrette beträufeln. Dazu frisches Baguette.

**Tipp:** Es empfiehlt sich zum Öffnen ein Austernmesser zu benutzen. Dabei beachten, dass die Schalen sehr scharfkantig sein können. Das Austernmesser am sogenannten Schloss der Auster anstechen und vorsichtig in die Auster schieben, bis der Widerstand nachlässt. Mit einer Drehbewegung des Messers die Auster öffnen. Den seitlichen Muskel und dann noch den Muskel an der Unterseite von der Auster lösen.

# Helgoländer Hummer

2 Hummer à ca. 500 g (TK)

Salz, 2 Zitronen

1 Bund Dill

50 g Butter

1/8 l Schlagsahne

1 EL Mayonnaise

Pfeffer, 1 Prise Zucker

Den Hummer bei Zimmertemperatur in **4 bis 5 Stunden** auftauen lassen. Den aufgetauten Hummer **3 Minuten** in kochendes Wasser geben. Herausnehmen und abtropfen lassen. Ein stabiles Messer am Rückenpanzer ansetzen und den Hummer halbieren. Den Hummermagen, der vorn im Kopf sitzt, und den schwarzen Darm am Schwanzende entfernen.

Den Hummer mit Zitronenscheiben und Dillzweigen anrichten. Butter mit einer Prise Salz und einigen Tropfen Zitronensaft schaumig rühren, in einer kleinen Schale mit einer Zitronenspalte garniert servieren. Sahne halbsteif schlagen, Mayonnaise unterrühren und mit Salz, Pfeffer und Zucker würzen. Dill fein hacken und unterheben. Die Mayonnaise in einer zweiten Schale servieren.

Der **Hummer** gehört zu den beliebtesten Meeresfrüchten, sein festes Fleisch gilt als Delikatesse. Gegessen wird nur das Fleisch von Schwanz und Scheren. Kopf und Panzer werden nicht verzehrt.

41

# Pasteten mit Hummerragout

2 tiefgekühlte Hummer (je 500 g)

1 EL Olivenöl, 50 g Fenchel

150 g Wurzelgemüse
(z. B. Möhren, Petersilienwurzel
und Sellerieknolle)

1 EL Tomatenmark

1 TL Ketchup, 10 cl Cognac

300 ml trockener Weißwein

1/2 l Fischfond

einige Dill- u. Petersilienstängel

Salz, Pfeffer

*Außerdem:*

10 Stangen grüner Spargel

100 g grüne Erbsen

200 ml Sahne

100 g Crème fraîche

etwas Zitronensaft

Cayennepfeffer

50 g eiskalte Butter

1/2 Bund Basilikum

8 Blätterteigpasteten
(Fertigprodukt)

Das Hummerfleisch nach dem Auftauen herauslösen und beiseite legen. Die Hummerschalen klein hacken und im erhitzten Olivenöl anbraten. Fenchel und Wurzelgemüse in kleine Würfel schneiden und dazugeben. Tomatenmark und Ketchup unterrühren. Mit Cognac ablöschen und einkochen lassen. Mit Weißwein und Fischfond aufgießen, die Kräuterstängel hinzufügen, salzen und pfeffern und **2 Stunden** köcheln lassen.

Spargel und Erbsen in kochendem Salzwasser blanchieren und in eiskaltem Wasser abschrecken. Den Fisch-Wein-Fond mit Sahne und Crème fraîche verrühren, aufkochen lassen und durch ein Sieb passieren. Mit Zitronensaft und Cayennepfeffer würzen und mit kalten Butterflöckchen binden.

Das Hummerfleisch und den Spargel in kleine Stücke schneiden und mit den Erbsen und dem feingeschnittenen Basilikum unter die Soße mischen.

Von den fertigen Pasteten den Deckel mit einem scharfen Messer vorsichtig herausschneiden. Im vorgeheizten Backofen bei **165 °C** etwa **6 Minuten** erwärmen. Das Ragout in die Blätterteigpasteten füllen.

Noch warm servieren.

Auf der Suche nach Grünem im Watt findet man, zumindest bei Ebbe, eine dickfleischige Pflanze im Vorland der Nordsee: den **Queller**. Er hat einen leicht salzigen Eigengeschmack und ist eine vegane Delikatesse des Meeres, die im Wattboden wächst. Da das Watt unter Naturschutz steht, ist Queller beim Fischhändler erhältlich. Eine Handvoll jedoch darf für den privaten Herd geerntet werden. Queller wird roh und blanchiert gern auch für Fischgerichte oder Salat verwendet.

# Reispfanne mit Nordseequeller und jungem Gemüse

1 Tasse Reis

100 g Queller vom Fischhändler

500 g geputztes junges Gemüse der Saison (z. B. Kohlrabi, grüner Spargel, Porree, Möhren, Frühlingszwiebeln, Erbsen, Bohnen, Zuckermais, Zucchini usw.)

Salz, Butter

Den Reis in 2 Tassen Wasser garen, bis die ersten Körner aufplatzen. Während der Reis kocht, das Gemüse klein schneiden und in einer großen Pfanne mit Salz und Butter bissfest dünsten. Den Queller grob zerkleinern. Wenn das Gemüse fast gar ist, den Queller dazugeben und unter Rühren eine Weile mitdünsten. Dabei den Deckel offen lassen, damit das Wasser verdampfen kann.

Zum Schluss den Reis unterrühren und mit einer leichten Joghurtsoße servieren.

# Fleisch- und Wildgerichte

# Rinderfilet im Brot

ca. 500 g Rinderfilet

Öl zum Braten

Salz, Pfeffer

1 – 2 Rettiche

1 Kästchen Kresse

100 g Butter

2 EL scharfer Senf

1 Roggenmischbrot ca. 750 g

In das gesäuberte, gut abgehangene Rinderfilet (es sollte möglichst so lang sein wie das Brot) etwas Öl einmassieren und in einer heißen Pfanne rundum braten, sodass es innen noch schön rosa ist. Herausnehmen, würzen und ganz auskühlen lassen.

Die Rettiche schälen, fein in Streifen raspeln, salzen und Wasser ziehen und dann abtropfen lassen. Mit der Kresse mischen. Die Butter mit dem Senf vermischen.

Von dem Brot ein Ende abschneiden, das Innere bis auf einen Rand herauslösen und dann mit der Senfbutter gut ausstreichen. (Die Brotkrume kann man z.B. für eine Brotsuppe verwenden.)

Das Brot mit dem Rettichsalat füllen und das Filet hineingeben. Das Brotende wieder ansetzen.

In Alufolie einschlagen und gut **60 Minuten** durchziehen lassen.

Ein Brot mit derart leckerer Füllung wird nicht lange stehen bleiben. Dazu gibt es ein kühles Bier.

## Ochsenweg

Rinder waren schon immer eine wichtige Handelsware in Schleswig-Holstein. Daran erinnern noch heute die Ochsenwege. Bis zu 50 000 Ochsen sollen es gewesen sein, die vom 16. bis ins 18. Jahrhundert jedes Frühjahr von Dänemark bis zur Elbe getrieben wurden. Heute ist der historische Handelsweg ein beliebter Touristenpfad. Am Kreuzungspunkt der zwei wichtigsten alten Verkehrswege, der Lübschen Trade und dem Ochsenweg, erinnert ein Brunnen in Hohenwestedt an den alten Ochsenweg und an die Ochsendriften.

# Tafelspitz von der Stapelholmer Weidemastfärse mit Meerrettichsoße

1,2 kg Tafelspitz

1 Zwiebel

12 Möhren

2 Sellerieknollen

Lorbeer

Speisestärke

1 kg festkochende Kartoffeln

Meerrettichsoße:

1/2 l Milch

1/2 l Rinderbrühe
(vom Tafelspitz)

2 Scheiben Toastbrot

etwas Speisestärke

1 Glas Meerrettich

Salz, Pfeffer

Das Tafelspitzstück würzen, in einen Topf mit Wasser geben und zum Kochen bringen. Den Schaum abschöpfen. Dann 2 Möhren, eine halbe Sellerieknolle, Zwiebel und Lorbeer dazugeben. Das Fleisch gar kochen.

Übrige Möhren und Sellerie schälen, in möglichst gleich große Würfel schneiden und blanchieren. 1/2 Liter Gemüsewasser (in dem die Möhren und Sellerie gekocht wurden) und 1/2 Liter Rinderbrühe (der Fond, in dem das Tafelspitzstück gekocht wurde) mit Speisestärke binden, das Gemüse dazugeben.

Kartoffeln schälen und als Salzkartoffeln in einem zweiten Topf kochen.

Für die Meerrettichsoße 1/2 Liter Milch und 1/2 Liter Rinderbrühe mit dem Toastbrot kochen, pürieren und durchsieben (passieren). Die passierte Flüssigkeit mit Speisestärke binden und mit Meerrettich verfeinern. Mit Salz und Pfeffer abschmecken.

Tafelspitz mit dem Gemüse und den Salzkartoffeln servieren, mit Meerrettichsoße überziehen.

# Labskaus

600 g Pökelrindfleisch oder
Corned Beef

4 – 5 Zwiebeln

100 g Schweineschmalz oder
Butterschmalz

1,2 kg gekochte Kartoffeln

weißer Pfeffer, Muskat

*Beilage:*

4 Rollmöpse

Gewürzgurken

eingelegte Rote Bete

4 Eier

Fleisch mit Gewürzen und 2 Zwiebeln in wenig Wasser garen, dann herausnehmen. Die restlichen fein gehackten Zwiebeln in Schmalz glasig dünsten. Das Fleisch durch die Scheibe eines Fleischwolfs drehen. Die gepellten Kartoffeln stampfen. Dann die Fleischmasse, den Kartoffelbrei und die goldgelben Zwiebelstückchen vermischen, mit dem Fleischsud glatt rühren und mit Pfeffer und Muskat abschmecken.

In Portionen aufteilen und jede Portion mit einem Spiegelei krönen. Mit Rollmops, Scheiben von eingelegter Roter Bete und Gewürzgurken servieren.

**Labskaus** gehört zur Küstenregion. Heute zählt das Gericht auch bei Zugereisten oft als Leibspeise. Früher war es ein reines Seefahrergericht. Es ging darum, das Pökelfleisch, das wegen seiner Haltbarkeit an Bord genommen wurde, mit anderen Dauervorräten zu einem sättigenden Gericht zu verarbeiten. Aus Fleisch, Kartoffeln und Zwiebeln entstand dieses deftige Essen, das manche auch als Eintopf bewerten. Hier wurden oft sämtliche Reste, die sich noch in der Kombüse befanden, zugegeben. So hieß es an Bord: „Alles, was ein Seemann im Lauf der letzten Woche verloren hat, findet sich im Labskaus wieder".

# Saure Rippen

1 kg Schweinerippen

3 – 4 Zwiebeln

1 – 2 Lorbeerblätter

einige schwarze und weiße
Pfefferkörner

etwas Salz

1 Prise Zucker

einige frische Schweine-
schwarten (ca. 250 g)

Essig nach Geschmack
(1/2 l Wasser, 1/2 l Brandwein-
essig)

1/2 l Kochbrühe

6 Blatt weiße Gelatine

Die Schweinerippen in Portionen schneiden. Wasser und Essig zum Kochen bringen, Schweinerippen hineingeben und mit den geviertelten Zwiebeln und Gewürzen gar kochen, abschmecken. Schwarten herausnehmen. Rippen in saubere Gläser oder Krüge füllen.

Von der Kochbrühe 1/2 Liter abnehmen, mit Zucker oder Essig abschmecken und durch ein Haarsieb gießen. Die aufgelöste Gelatine unterrühren, über die Rippen gießen und kalt stellen.

Dazu reicht man Bratkartoffeln.

# Schweinebraten (für 6 Personen)

*1,5 kg Schweinefleisch mit Schwarte (Mittelkamm oder Nackenkamm)*

*Salz*

*1,5 kg kleine Kartoffeln*

*125 g Zucker*

*30 g Butter*

*1/2 Rotkohlkopf*

*200 g Silberzwiebeln*

*50 g Pistazienkerne*

*Öl-Essig-Dressing*

Die Schweinefleischschwarte mit einem Messer bis zum Fleisch anritzen. Das Fleisch mit der Schwarte nach unten in eine feuerfeste Form legen. So viel kochendes Wasser dazugeben, bis sich die Schwarte ganz im Wasser befindet. Ofen auf **250 °C** vorheizen, das Fleisch in der Form im Ofen etwa **20 Minuten** garen lassen. Fleisch umdrehen und die Schwarte mit Salz einreiben. Temperatur auf **180 °C** verringern und das Fleisch noch etwa **80 Minuten** im Ofen garen, bis die Schwarte knusprig ist.

Ungeschälte Kartoffeln kochen, in einem Sieb kalt abspülen und dann pellen. Zucker in einer Bratpfanne bräunen. Butter dazugeben und zerlassen. Kartoffeln in die Zuckermasse geben und rundum braun braten.

Rotkohl in sehr dünne Streifen schneiden, mit den Silberzwiebeln, den grob gehackten Pistazienkernen und dem Dressing mischen.

Alles auf vier Tellern schön anrichten.

# Schweineschinkenbraten mit Apfelrotkohl

1 kg Schweineschinken mit Schwarte

Salz, Pfeffer, 4 Zwiebeln

1 Lorbeerblatt

ca. 20 Gewürznelken

1 kg Rotkohl

20 g Schweineschmalz

1 Apfel

3 – 4 EL Rotwein-Essig

3 EL Johannisbeergelee

1 kg kleine Kartoffeln

3 EL Zucker

20 g Butterschmalz

2 EL Mehl, Petersilie

Fleischschwarte rautenförmig einschneiden. Mit Salz und Pfeffer einreiben. Zwiebeln schälen. Fleisch, 3 Zwiebeln und Lorbeerblatt in die Fettpfanne legen, im vorgeheizten Backofen bei **175 bis 200 °C** ca. **2 bis 2 1/2 Stunden** braten. Schwarte nach **30 Minuten** mit Nelken spicken. Zwischendurch nach und nach 3/8 bis 1/2 Liter Wasser angießen.

Rotkohl putzen und in Streifen schneiden, vierte Zwiebel in Spalten schneiden. Beides im heißen Schweineschmalz andünsten. 1/4 Liter Wasser angießen. Ca. **2 Stunden** garen. Apfel waschen, würfeln und nach **1 1/2 Stunden** zum Kohl geben. Mit Essig, Salz und Gelee abschmecken.

Kartoffeln waschen. In Salzwasser ca. **20 Minuten** kochen. Dann abgießen, abschrecken und die Schale abziehen. Kartoffeln abkühlen lassen. Zucker karamellisieren lassen. Butterschmalz zufügen. Kartoffeln darin ca. **5 Minuten** braun braten.

Braten aus der Fettpfanne nehmen. Bratenfond durch ein Sieb geben, Bratensatz mit 1/4 Liter heißem Wasser lösen, zufügen und alles aufkochen. Mehl und 3 EL kaltes Wasser glatt rühren, in den Fond gießen, aufkochen und noch **5 Minuten** köcheln lassen. Mit Salz und Pfeffer abschmecken. Alles zusammen anrichten und mit Petersilie garnieren.

**Rotkohl** gibt es das ganze Jahr über, im Frühsommer kommt die neue Ernte auf den Markt, die Belieferung mit jungen Kohlköpfen zieht sich dann bis in den September hinein. Erst Anfang November werden die Sorten geerntet, die sich für eine längere Lagerung eignen.

Den sogenannten Dauerrotkohl kann der Erzeuger unter optimalen Bedingungen fast ein halbes Jahr lang in den Kühlhäusern aufbewahren. Voraussetzung dafür ist, dass die Außenblätter unbeschädigt sind. Darauf gilt es daher beim Einkauf zu achten.

# Schwarzsauer

1,5 – 2 kg Schweinerippen und durchwachsenes Bauchfleisch

3/4 l Essig

1 Zwiebel

Lorbeerblatt

Salz, weißer Pfeffer, Piment

1 l Schweineblut

Das Fleisch in kleinere Stücke teilen und in etwa 1,5 Liter Essig-Wasser abkochen (halb Essig, halb Wasser). Zwiebel, Lorbeerblatt und Gewürze dazugeben. Wenn das Fleisch gar ist, herausnehmen und in mundgerechte Stücke schneiden. Die Fleischbrühe sehr kräftig abschmecken, danach mit einem Schneebesen das Schweineblut hineinschlagen. Die Fleischstücke wieder dazugeben, nochmals kurz aufkochen und warm servieren.

Dazu reicht man Salzkartoffeln oder Mehlklöße.

**Tipp:** Reste vom Schwarzsauer am besten in einem Steintopf aufbewahren, den man sehr kühl stellt. Dann ist das Schwarzsauer sehr lange haltbar. In der Probstei kocht man oft Backpflaumen extra zu einem Kompott und gibt es zum Schwarzsauer dazu.

# Kohlrabi gefüllt mit Putengeschnetzeltem und Wilstermarschkäsesoße

100 g Wilstermarschkäse

2 große Kohlrabi

100 g Butter

50 g Mehl

400 ml Milch

600 g geschnetzelte Putenbrust

Salz, Pfeffer

Knoblauch, Muskat

200 ml frische geschlagene Sahne

1 Bund frische gehackte Petersilie

Den Käse in kleine Würfel schneiden. Die Kohlrabi schälen und in der Mitte quer teilen, in der Mitte der Schnittstelle eine kleine Ausbuchtung aushöhlen, in Salzwasser **15 bis 20 Minuten** bissfest garen.

In der Zwischenzeit aus 50 g Butter und 50 g Mehl eine Mehlschwitze herstellen, mit der kalten Milch übergießen, langsam unter ständigem Rühren erhitzen, kurz vor dem Aufkochen die Käsewürfel zugeben. Mit Salz, Pfeffer und Muskat kräftig abschmecken.

Das Geschnetzelte mit der restlichen Butter in einer gut erhitzten Pfanne kurz anbraten, erst nach dem Braten mit Salz, Muskat und Knoblauch würzen.

Die Kohlrabi aus dem heißen Wasser nehmen und gut abtropfen lassen. Auf einen Teller mit der Aushöhlung nach oben legen und mit dem Geschnetzelten füllen.

Der noch heißen, aber nicht mehr kochenden Soße die geschlagene Sahne und die gehackte Petersilie zugeben, leicht unterheben und die Soße dann über das Geschnetzelte und den Kohlrabi geben.

Am besten schmecken dazu knusprige Bratkartoffeln.

## Klootstockspringen

*Dieser Brauch stammt aus der Zeit, als die Wege in der Marsch oft nicht passierbar waren. Damals benutzten die Leute aus der Marsch einen sogenannten Klootstock, der wurde in den Wasserlauf gesteckt, um sich dann mit Schwung über die Gräben zwischen den Wiesen zu katapultieren.*

# Deichlammschulter auf Wirsingkohl

*2 Lammschultern (ca. 1,5 kg mit Knochen)*

*1 TL Salz, 1 TL Pfeffer*

*1 EL Thymian, 1 Zw. Rosmarin*

*1 EL zerdrückter Knoblauch*

*2 Scheiben Rauchspeck*

*1 dünne halbierte Lauchstange*

*1 kleine Möhre, Salz, Pfeffer*

*1 EL Kümmel*

*2 EL Öl zum Anbraten*

*1 kg Wirsingkohl*

*800 g Kartoffeln*

*2 l Fleischbrühe*

Zuerst die aufgeklappten Lammschultern mit Salz und Pfeffer, Thymian, Rosmarin und Knoblauch einreiben, dann mit Speck belegen. Lauch und Möhre darauf geben und im Schulterfleisch einwickeln. Das so vorbereitete Fleisch mit Küchengarn zubinden, mit etwas Salz, Pfeffer und Kümmel würzen. In einer Pfanne in heißem Öl rundherum kurz anbraten.

Nun den in Streifen geschnittenen Wirsingkohl und die in Scheiben geschnittenen Kartoffeln in einen Bratentopf geben. Dann die Lammrollen in die Mitte setzen und mit der Brühe aufgießen. Zugedeckt im vorgeheizten Backofen etwa **50 Minuten** bei **220 °C** schmoren lassen.

Zum Schluss das Garn entfernen, die Lammschultern in Scheiben schneiden und auf dem Wirsingkartoffelgemüse servieren.

## Boßeln

Dieser Sport wird sowohl im Winter auf dem gefrorenen Schnee wie auch im Frühjahr auf Straßen, Wiesen und im Vorland ausgeübt. Große ebene Flächen mit langen Wurfbahnen sind die Voraussetzung dafür. Man wirft mit Kugeln aus Hartholz, die mit Blei ausgegossen sind. Das Normalgewicht einer Kugel beträgt 500 g. Es gibt aber auch Tweepünner, Halfpünner und Veerlödige. Zur eigentlichen Wurflänge vom Abwurf bis zum Aufprall der Kugel wird auch noch das Ausrollen der Kugel mitgezählt. Treten Mannschaften im Bahnkampf gegeneinander an, bestimmt der Ruhepunkt der geworfenen und ausrollenden Kugel den Start für den nächsten Werfer.

Sieger ist die Mannschaft, die zuerst das vorher bestimmte Ziel erreicht hat. Besonders weite Würfe bringen zusätzliche Pluspunkte und eventuelle Vergünstigungen ein.

Die Gegenden kennen im Einzelnen noch unterschiedliche Spielregeln und schwören z. B. auf bestimmte Abwurftechniken, Drehen um die eigene Achse, Kreisen des Armes in verschiedenen Abfolgen, die wiederum dem Nachbarn fremd sind.

Zur Pflege dieser Sportart haben sich nationale und internationale Verbände gebildet, und so gibt es sogar Wettkämpfe und Europameisterschaften mit Teilnehmern aus vielen Ländern.

# Lammkoteletts mit Kräuterbutter auf Tomaten

je 1/2 TL Kerbel, Estragon
Basilikum und Petersilie
.................................
8 Lammkoteletts
.................................
100 g Butter
.................................
Salz, Pfeffer
.................................
2 große Fleischtomaten

Kräuter waschen, trocken schütteln und fein hacken. Butter und Kräuter verrühren, mit Salz und Pfeffer abschmecken. Die Lammkoteletts beiderseits mit der Buttermischung bestreichen und in einer heißen Pfanne auf jeder Seite **3 Minuten** braten. Aus der Pfanne nehmen und warm stellen. Abgezogene und in Würfel geschnittene Tomaten in dem Bratenfett kurz dünsten und mit Pfeffer und Salz abschmecken. Koteletts auf den Tomaten anrichten. Dazu schmecken Rosenkohl und Röstkartoffeln.

# Entenbrust auf Apfelkraut (Rezept zum Foto S. 44 unten)

1 Zwiebel, 2 EL Öl
.................................
1 Glas (410 g) Dithmarscher
Sauerkraut
.................................
6 Wacholderbeeren, 3 EL Essig
.................................
je 250 g blaue und grüne
Weintrauben
.................................
2 Entenbrüste à 200 g
.................................
Salz, Pfeffer, 1 Apfel, Thymian

Zwiebel würfeln, in Öl andünsten. Kraut zufügen, mit Wacholderbeeren, Essig und 1/4 Liter Wasser **25 Minuten** schmoren. Halbierte und entkernte Trauben **2 Minuten** vor Ende der Garzeit zugeben.
Entenhaut rautenförmig einschneiden. Mit der Hautseite in die Pfanne geben, anbraten, von jeder Seite etwa **10 Minuten** braten, salzen, pfeffern.
Den Apfel in Scheiben schneiden, im Bratfett wenden. Sauerkraut mit Entenbrust, Apfel und Thymian anrichten.
Dazu selbstgemachten Kartoffelbrei servieren.

# Deichlammrücken im Kräuter-Speck-Mantel

*12 kleine Kartoffeln*

*4 Knoblauchzehen*

*8 Perlzwiebeln*

*4 kleine Möhren*

*1 Stange Porree*

*1 Zucchini*

*je 1 rote, gelbe und grüne Paprikaschote*

*800 g Lammrücken mit Rippenknochen*

*Olivenöl, 2 EL frische Kräuter*

*20 hauchdünne Speckscheiben*

*je 2 Zweige Thymian und Rosmarin*

*1 EL Tomatenmark*

*1/4 l Lammbrühe*

*30 g kalte Butterwürfel*

*Salz, Pfeffer*

Kartoffeln, Knoblauch, Zwiebeln und Möhren schälen. Porree und Zucchini waschen und in Stücke schneiden. Paprika vierteln und entkernen.

Den Lammrücken in 4 gleiche Portionen schneiden und von allen Seiten in Öl anbraten, in den Kräutern wenden und mit je 5 Scheiben Speck umwickeln.

Das vorbereitete Gemüse im Bräter anrösten, die Kräuter und das Tomatenmark zugeben, mit der Brühe begießen und aufkochen. Den Lammrücken darauf geben und im Ofen bei **180 °C** etwa **12 Minuten** backen. Das Fleisch warm stellen, den Sud passieren und reduzieren, die kalte Butter dazugeben, mit Salz und Pfeffer abschmecken. Aufkochen und über das Schmorgemüse geben.

# Gänsekeule süßsauer aus Gudendorf

4 küchenfertige Gänsekeulen
à 600 g

60 g Butter

Speisestärke

*Fond:*

1/4 l Essig

1 gestr. TL Salz

3 EL Zucker

3 Zwiebeln

1 EL Wacholderbeeren

2 Lorbeerblätter

8 Pfefferkörner

8 Senfkörner

2 Möhren, 1 Stück Sellerie

1 Prise Zimt

Aus 2 Litern Wasser mit Essig, Salz, 1 EL Zucker, Zwiebeln, Wacholderbeeren, Lorbeerblättern, Pfefferkörnern, Senfkörnern, Möhren, Sellerie und Zimt vor der Zubereitung der Keulen einen Fond kochen. Abkühlen lassen.
Gänsekeulen hineingeben und **2 bis 3 Stunden** bei schwacher Hitze garen. Kühl stellen und durchziehen lassen. Unter der Gänsefettschicht halten sich die Keulen einige Tage.
Die Keulen herausnehmen und in einer Pfanne mit Butter braten, danach aus dem Bratfett nehmen und warm stellen.
In die Butter den restlichen Zucker geben, mit so viel Fond aufgießen, wie man Soße haben möchte. Mit etwas Speisestärke binden.
Die Keulen in der Soße anrichten und knusprige Bratkartoffeln dazu reichen.

**Tipp:** Wacholderbeeren gehören unbedingt an Sauerbraten, Wildbret, Schwein- und Lammbraten, Sauerkraut, Kohlgerichte und Fisch. Sie sollten jedoch sparsam dosiert werden, denn ihr guter, aber intensiver Geschmack kann jedes andere Aroma übertönen.

# Gefüllter Fasan auf Sauerkraut

1 küchenfertiger Fasan
(ca. 800 g)

Salz, Pfeffer

Speckscheiben

3 EL Öl

2 Zwiebeln, 2 Möhren

1/2 l Apfelsaft

2 Lorbeerblätter

410 g Dithmarscher Sauerkraut
(1 Glas)

200 ml Sahne

*Füllung:*

250 g Geflügelleber

1 Zwiebel

2 EL Butter

Salz, Pfeffer

1 TL Thymian

1/4 l Portwein

Zuerst die Füllung vorbereiten. Dafür die Geflügelleber in Stücke schneiden. Zwiebel fein hacken. Fett in der Pfanne schmelzen. Leber und Zwiebeln darin braun anbraten, leicht salzen und pfeffern, Thymian zugeben. Leber in eine Schüssel geben, mit 3 EL Portwein beträufeln, kalt werden lassen. Leber im Mixer pürieren und in den Fasan füllen. Bauchöffnung schließen. Fasan mit restlichem Portwein begießen und **10 bis 12 Stunden** kalt gestellt marinieren.

Fasan aus der Marinade nehmen, trocken tupfen, Marinade aufheben. Fasan salzen und pfeffern, mit Speckscheiben spicken, in Öl in einer Pfanne anbraten. Dann mit einer geviertelten Zwiebel **60 Minuten** im Backofen bei **200 °C** garen.

Zwiebel und Möhren schälen, in Scheiben schneiden. Mit Apfelsaft und Lorbeerblättern zum Sauerkraut in einen Topf geben und zugedeckt **60 Minuten** dünsten.

Fasan nach dem Braten **10 Minuten** ruhen lassen, vierteln, warm stellen. Bratensatz mit der Portweinmarinade und Sahne ablöschen, durchkochen lassen, passieren, abschmecken.

Dazu Kartoffelpüree mit brauner Butter übergossen.

## Albersdorfer Schwertertanz

*Der Schwertertanz, in den Städten einst häufig ein Privileg einiger Zünfte oder besonderer Berufsgruppen, war in Dithmarschen bis ins 18. Jahrhundert auch in dem bäuerlichen Gemeinwesen bekannt und wurde als ebenso „nützliche wie ergötzende Leibesübung" gepflegt. Seit 1950 bemüht sich die Gruppe aus Albersdorf um die Wiederbelebung dieses Tanzes und führt ihr Können auch außerhalb des eigenen Ortes vor. Die Kleidung lehnt sich an Beschreibungen aus dem 18. Jahrhundert an und folgt auch in der Kopfbedeckung den Vorschriften jener Zeit: Nur der Vortänzer und der „so in der Mitten" tragen das Barett.*

# Deftiges mit Kartoffeln und Kohl

# Kartoffelsalat mit Speckwürfeln

*1 kg gekochte Pellkartoffeln*

*50 g durchwachsener, geräucherter Speck*

*1 mittelgroße Zwiebel*

*4 EL Essig, Salz*

*2 Umdrehungen Pfeffer aus der Mühle*

*ca. 1/4 l gut gewürzte heiße Fleischbrühe*

Die Kartoffeln noch warm pellen und beiseite stellen. In einer Pfanne den kleinwürfelig geschnittenen Speck gut ausbraten und darin die feingeschnittene Zwiebel goldgelb anbraten. Ewas abkühlen lassen, in eine Schüssel füllen und die Kartoffeln feinblättrig geschnitten dazugeben.

Den Essig mit 1 Msp. Salz, Pfeffer und Fleischbrühe vermischen und über die Kartoffelscheiben gießen. Alle Zutaten gut mischen und sofort servieren.

**Tipp:** Durch Schütteln oder Rühren wird die Stärke der Kartoffeln frei und der Salat wird sämiger.

# Bauernfrühstück

*600 g Kartoffeln*

*Salz, 4 EL Butterschmalz*

*250 g rohe Schinkenwürfel*

*weißer Pfeffer*

*6 kleine Gewürzgurken, 4 Eier*

*1 EL Schnittlauch, in Ringe geschnitten*

Die Kartoffeln mit Schale in Salzwasser **20 bis 30 Minuten** garen, abziehen und in Scheiben schneiden. Fett erhitzen. Kartoffeln unter Wenden darin goldbraun braten. Salzen und pfeffern. Eier verquirlen, mit Salz und Pfeffer kräftig abschmecken, über die Kartoffeln gießen und stocken lassen.

Schinkenwürfel und Schnittlauchröllchen darüber streuen und mit den Gewürzgurken servieren.

# Kartoffeln mit Holtseer Tilsiter und Feldsalat

*1 kg mehlig kochende Kartoffeln*

*30 g Butter, Meersalz*

*100 g geriebener Holtseer Tilsiter*

*Feldsalat:*

*200 g Feldsalat*

*1 Bund Radieschen*

*1 Schale Gartenkresse*

*1 Chicorée*

*3 EL Olivenöl*

*1 EL Weinessig*

*Salz, Pfeffer*

*1 TL Zucker*

Kartoffeln kochen und noch warm pellen. Die ganzen Kartoffeln tief einschneiden, mit flüssiger Butter einpinseln und salzen. Die Kartoffeln in eine feuerfeste Form legen und bei **200 °C** backen. **10 Minuten** vor dem Ende der Backzeit die Kartoffeln mit dem geriebenen Käse bestreuen und weitere **10 Minuten** fertig backen.

Salat waschen und trocken schütteln. Radieschen und Chicorée waschen und putzen, in Scheiben schneiden und zusammen mit der geschnittenen Gartenkresse unter den Salat geben. Öl mit Essig und Gewürzen verrühren. Den Salat mit diesem Dressing marinieren und zu den Kartoffeln servieren.

# Gefüllte Wirsingröllchen

500 g Kartoffeln

1 Eigelb

Salz, Pfeffer

Muskatnuss

4 große Wirsingblätter

6 Tomaten

1 kleine Zwiebel

Butter

1 TL Tomatenmark

Kartoffeln ungeschält in leicht gesalzenem Wasser kochen, abgießen, ausdampfen lassen und pellen. Die noch warmen Kartoffeln durch ein Sieb streichen, das Eigelb unterrühren, abschmecken und erkalten lassen.

Wirsingblätter blanchieren, abschrecken und trockentupfen. Die Tomaten häuten und 1 Tomate filetieren.

Zwiebel fein schneiden und mit den ganzen Tomaten in Butter anschwitzen. Das Tomatenmark zugeben, zerkochen lassen, passieren und abschmecken.

Wirsingblätter mit der Kartoffelmasse bestreichen, einige Streifen der Tomatenfilets hineinlegen und fest zusammenrollen. Für **60 Minuten** in den Kühlschrank stellen.

Die abgekühlte Tomatensoße auf Tellern verteilen, die Wirsingröllchen aufschneiden und anlegen.

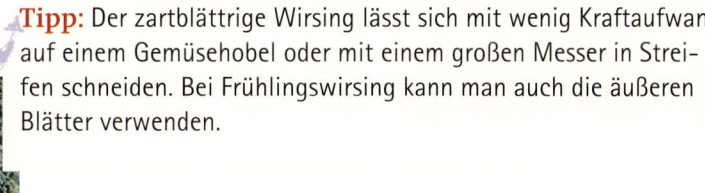

**Tipp:** Der zartblättrige Wirsing lässt sich mit wenig Kraftaufwand auf einem Gemüsehobel oder mit einem großen Messer in Streifen schneiden. Bei Frühlingswirsing kann man auch die äußeren Blätter verwenden.

# Grünkohl mit Kochwurst und Speck

2 kg Grünkohl

Salz

400 g magerer, geräucherter Speck am Stück

2 Zwiebeln

3 EL Schmalz

schwarzer Pfeffer

1 Pr. Zucker, Muskatnuss

1 EL gekörnte Brühe

4 Kochwürste

Den Grünkohl von den dickeren Rippen befreien, gründlich waschen und abtropfen lassen. In einem größeren Topf 400 ml Wasser mit 1 TL Salz zum Kochen bringen. Den Grünkohl zufügen und zugedeckt bei mittlerer Hitze **10 Minuten** garen. Anschließend in ein Sieb abschütten und dabei das Kochwasser auffangen. Grünkohl etwas auskühlen lassen und grob hacken.

Den mageren Speck in ca. 1/2 cm dicke Scheiben schneiden. Die Zwiebeln abziehen und hacken. In einem Schmortopf das Schmalz erhitzen. Speckscheiben und Zwiebeln darin etwa **4 Minuten** glasig dünsten. Den gehackten Grünkohl hinzufügen und kurz anschmoren. Das aufgefangene Kochwasser zugießen. Mit Pfeffer, Salz, Zucker, geriebener Muskatnuss und gekörnter Brühe würzen. Zugedeckt bei kleiner Hitze **60 Minuten** köcheln lassen, dabei gelegentlich umrühren.

Die Kochwurst mit einer Gabel anstechen und zum Grünkohl geben. **10 bis 15 Minuten** darin erwärmen.

Zu dem kräftigen Gericht als Beilage Salzkartoffeln oder süße Kartoffeln servieren.

# Schmorkohl mit Lammbratwürstchen

*100 g durchwachsener Speck*

*1 Gemüsezwiebel*

*1 kleiner Weißkohl*

*100 g Schweineschmalz*

*Salz, Pfeffer, Muskat*

*8 Lammbratwürstchen vom heimischen Schlachter*

Speck und Zwiebel würfeln, den Weißkohl waschen und in Vierecke schneiden. Speckwürfel in Schmalz anbraten, Zwiebelwürfel dazugeben und glasig werden lassen. Mit dem Kohl auffüllen und unter leichter Farbgebung anschmoren. Würzen und bei geschlossenem Deckel gar schmoren. (Bei Bedarf etwas Wasser zugeben). Lammbratwürstchen in etwas Öl braun braten und jeweils zwei Stück auf die vier Teller verteilen.

*Kohl wird in allen Variationen im größten deutschen Kohlanbaugebiet in Dithmarschen geerntet, dort gibt es viele Sorten frisch vom Feld und natürlich auch die schönsten Kohlgerichte.*

*Flagge Kreis Dithmarschen mit dem Reiterwappen*

# Gefüllte Weißkohlsäckchen

150 g Vollkornbrot

1/8 l Milch, Salz

1 mittelgroßer Weißkohl

1 kleine Zucchini

3 Eier

200 g Schafskäse

50 g Semmelbrösel

1/2 Bund Thymian

frisch gemahlener Pfeffer

1 Zwiebel

500 g kleine Tomaten

1/2 l Gemüsebrühe, Küchengarn

Das Brot klein würfeln und in der Milch einweichen. Reichlich Salzwasser aufkochen. Den ganzen Weißkohl darin **10 Minuten** kochen, bis sich die äußeren Blätter ablösen lassen. Den Kohl herausnehmen, kalt abspülen, abtropfen lassen und die äußeren Blätter ablösen. Vorgang wiederholen, bis man insgesamt 12 bis 16 große Blätter hat.

Für die Füllung etwa 150 g vom Kohlkopf abschneiden und in feine Streifen schneiden (den Rest anderweitig verwenden). Zucchini würfeln. Kohlstreifen, Zucchiniwürfel, ausgedrücktes Brot, Eier, zerbröselten Schafskäse, Semmelbrösel und 1 EL abgezupfte Thymianblättchen vermengen. Mit Salz und Pfeffer abschmecken.

Die äußeren großen Kohlblätter auf Küchentüchern ausbreiten. Jeweils einen gehäuften Esslöffel Käse-Füllung in die Mitte geben. Die Kohlblätter zu „Säckchen" formen und mit Küchengarn zubinden. Die Kohlsäckchen in einen ofenfesten weiten Topf oder Bräter setzen. Zwiebel abziehen und fein würfeln. Die Tomaten mit kochendem Wasser überbrühen. Kalt abspülen, die Haut abziehen und quer halbieren. Die Kerne über einem Sieb herausdrücken, dabei die Flüssigkeit auffangen. Zwiebelwürfel und Tomatenhälften um die Kohlsäckchen herum verteilen. Brühe und Tomatenflüssigkeit dazugießen und die restlichen Thymianzweige dazulegen. Im vorgeheizten Backofen bei **200 °C** etwa **40 Minuten** garen.

# Süßer Kartoffelpudding

*500 g gekochte Kartoffeln*

*125 g Butter*

*130 g Zucker, 10 Eier*

*50 g geriebene Mandeln*

*1 Prise Salz, 1 Prise Muskat*

*abgeriebene Schale von
1 Zitrone*

*Butter für die Form*

*Grieß für die Form*

Kartoffeln in der Schale kochen und abpellen. Gut durchpressen. Butter und Zucker sehr schaumig rühren. Eigelb, Mandeln und Gewürze unterrühren. Die Kartoffeln dazugeben, es muss eine sehr glatte Masse entstehen. Eiweiß steif schlagen und nach und nach unter die Kartoffelmasse heben.

Zapfenform fürs Wasserbad (Großer-Hans-Form) gut ausfetten und mit dem Grieß ausstreuen. Kartoffelteig hinein füllen. Form fest verschließen. Im Wasserbad bei mittlerer Hitze etwa **90 Minuten** kochen lassen. Es darf kein Wasser in die Form gelangen. Die Form aus dem Wasserbad herausheben und **10 Minuten** abkühlen lassen. Dann die Kartoffelmasse auf eine Platte stürzen und mit Fruchtsoße oder Weinschaum servieren.

 **Tipp:** Kartoffeln lassen sich gut pellen, wenn man sie nach dem Kochen kalt abschreckt.

# Als Beilage oder für die Vorratskammer

# Dithmarscher Eierleberwurst

1/2 Schweineleber (ca. 1,2 kg)

10 Eier

1 – 1,5 l Milch

3 Auffüll-Löffel Schmalz

Salz

Pfeffer nach Geschmack

Mehl

Die Leber zuerst zweimal fein durch den Fleischwolf drehen, Eigelb, Salz und Pfeffer dazugeben. Milch und Mehl abwechselnd untermengen, dann das Eiweiß (zu Schnee geschlagen) vorsichtig dazugeben und zuletzt das zerlassene Fett unterheben. Der Wurstteig muss schwerreißend vom Holzlöffel fallen. Den fertigen Teig in einen Schweinedarm (jeweils etwa 20 bis 30 cm lang) oder in Einmachgläser füllen. Bei siedendem Wasser **60 Minuten** ziehen lassen.

 **Tipp:** Die warme Dithmarscher Leberwurst wird zu Kohlgerichten oder zu einer Schlachtplatte serviert. Kalt ist die Wurst ein pikanter Brotaufstrich.

# Senf aus dem Kräutergarten

250 g Senfkörner

2 Gewürznelken

7 g Pimentkörner

35 g Zucker

etwa 1/4 l Weißwein und Weinessig zu gleichen Teilen

Senfkörner, Nelken und Pimentkörner in der Pfeffermühle mahlen, Zucker und Wein-Essig-Flüssigkeit zugeben, bis ein mäßig dicker Brei entsteht.
In verschlossenen Gläsern mindestens eine Woche stehen lassen, bis der Senf verwendet wird.

# Grützwurst

400 g Hafergrütze

1/2 l Brühe

250 g Rosinen

70 g Zucker

10 – 15 g Nelkenpfeffer

10 – 20 g Salz

1/2 l Schweineblut

Die Grütze am Abend vorher abwaschen und in der Brühe einweichen. Am nächsten Tag die Grütze mit Rosinen und den Gewürzen vermischen. Das Blut durch ein Sieb geben und mit der Grützmasse vermengen. Die Masse in einer Puddingform **1 1/2 bis 2 Stunden** im Wasserbad kochen. Man kann die Grützwurst auch lose in Därme geben und im Wasser gar ziehen lassen.

Zur Grützwurst schmecken Kartoffelmus und Sauerkraut.

# Eingelegter Schafskäse

200 g Schafskäse

2 Zwiebeln

3 Knoblauchzehen

5 – 10 rote Chilischoten aus dem Glas

Pflanzenöl

Schafskäse in Würfel schneiden. Die Zwiebeln in Ringe schneiden und die Knoblauchzehen halbieren.

Alle Zutaten in ein luftdicht zu verschließendes Glas legen und mit Pflanzenöl auffüllen, bis alles bedeckt ist. An einem kühlen Ort **4 bis 5 Tage** ziehen lassen.

**Tipp:** Eingelegter Schafskäse schmeckt als Appetithappen zwischendurch ebenso gut wie in Salaten oder zu einem Glas Wein. Auf den Inseln und Halligen schätzt man von alters her den Schafskäse.

# Gestovtes Gemüse

400 g Steckrüben oder Möhren

400 g Porree

150 g Knollensellerie

Salz

1 Prise Zucker

2 TL Butter

2 TL Mehl

weißer Pfeffer

1 EL Zitronensaft

Möhren putzen, waschen, in Scheiben schneiden. Lauch längs aufschlitzen, gründlich waschen und schräg in Ringe schneiden. Sellerie schälen, in kleine Würfel schneiden. Das Gemüse in einen Topf geben, etwa 1/8 Liter Wasser angießen. Mit Salz und 1 Prise Zucker würzen, zugedeckt etwa **10 Minuten** dünsten. Die Butter mit dem Mehl verkneten. Unter das Gemüse mischen und kurz aufkochen, bis eine sämige Soße entsteht. Mit Salz, Pfeffer und Zitronensaft abschmecken.

**Tipp:** Mit Pellkartoffeln als Beilage zu Fisch oder Fleisch servieren. Gestovt ist typisch holsteinisch und bedeutet in „Butter-Mehl-Soße".

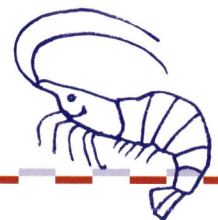

# Mehlspeisen mit Tradition

# Großer Hans

200 g Weißbrot oder
altbackene Brötchen

3/8 l Milch

60 g Butter, 60 g Zucker

100 g gestiftelte Mandeln

100 g gemahlene Mandeln

3 Eier

50 g Rosinen

Semmelbrösel

*Backobstkompott:*

500 g gemischtes Backobst

200 g Zucker

1 Zitrone

1 EL Stärkemehl

Backobst über Nacht einweichen, am Kochtag das Wasser abgießen. Backobst mit Zucker, Zitronensaft und Zitronenschale in 3/4 Liter Wasser zum Kochen bringen. Etwa **20 Minuten** bei geringer Hitze garen lassen. Zum Schluss mit dem Stärkemehl andicken.

Die Rinde vom Weißbrot abschneiden. Das Brot in der Milch **10 Minuten** einweichen. Die Butter mit Zucker und Eiern schaumig rühren. Eingeweichtes Brot, Mandeln und gewaschene Rosinen unterrühren.

Den Teig in eine gut gefettete, mit Semmelbrösel ausgestreute Wasserbad-Puddingform füllen. Die Form verschließen und in einen Topf mit so viel kochendem Wasser stellen, dass das Wasser etwa bis zu drei Zentimeter unter den Formrand reicht. **10 Minuten** bei großer Hitze kochen lassen. Dann noch **80 Minuten** bei kleiner Hitze garen.

Herausnehmen und auf eine Platte stürzen. Mit dem Backobstkompott zu Tisch geben.

# Dithmarscher Mehlbeutel

6 – 7 Eier

500 g Mehl

Salz, Zucker

1/2 l Milch

500 g Schweinebacke

*Kirschsoße:*

1 Glas eingeweckte Sauer-
kirschen + Abtropfsaft

etwa 100 g Zucker

1 geh. TL Stärkemehl

Die Eier etwas schlagen und das Mehl, 1 Prise Salz, 1 TL Zucker und die Milch zu den Eiern geben und einen dick-flüssigen Teig anrühren.

Ein 80 cm x 80 cm großes dichtes Leinentuch in Wasser aus-spülen, eine große Schüssel damit auslegen und mit Mehl bestäuben. Den Teig hineinfüllen. Das Tuch gut zubinden. Eine Handbreit Raum lassen, da der Teig aufgeht. Das Tuch an zwei gekreuzten Kochlöffeln in einen großen Topf mit kochendem Wasser hängen. Der Teig sollte knapp bedeckt sein. Etwa **2 Stunden** kochen lassen. Nach einer Ruhezeit von **5 Minuten**, auf eine Platte stürzen. Den Mehlbeutel zum Servieren in ca. 2 cm dicke Scheiben schneiden.

Gleichzeitig mit dem Mehlbeutel im gleichen Wasser eine Schweinebacke mitkochen.

Für die Kirschsoße den Kirschsaft mit Zucker zum Kochen bringen. Mit dem in Wasser angerührten Stärkemehl andi-cken. Kirschen unterrühren und einmal aufwallen lassen. Kirschsoße und die Schweinebacke zu den Mehlbeutel-scheiben dazu reichen.

# Birnen im Teig

1,5 kg Birnen

1 EL Zucker

100 g Schinkenspeck

*Grießteig:*

1/2 l Milch

125 – 150 g Grieß, Salz

3 – 4 Eier

2 EL Mehl

Birnen in 3/4 Liter mit etwas Zucker versetztem Wasser weich kochen, das Birnenkochwasser aufheben. Aus den angegebenen Zutaten einen Teig bereiten. Dafür die Milch aufkochen lassen, Grieß einrühren, von der Herdplatte nehmen und nach und nach die Eier hinzugeben. Zum Schluss das Mehl unterrühren.

Die gekochten Birnen in die mit Speck ausgelegte Auflaufform verteilen. Den Grießteig darauf verteilen und mit den restlichen Speckstreifen belegen und **60 Minuten** bei **175 °C** backen. Die Birnenflüssigkeit als Soße reichen.

# Ofenkater

500 g Mehl

40 g Hefe, Salz

1/8 l Milch

120 g Zucker

3 Eier

250 g durchwachsener Speck

1 kg gedünstete Birnenhälften

Zuerst einen Hefeteig bereiten. Diesen **15 Minuten** an einem warmen Ort gehen lassen. Mit dünnen Speckstreifen eine feuerfeste Form auslegen und die Birnenhälften darüber ausbreiten. Den Hefeteig über die Birnen verteilen und das Ganze nochmals **15 Minuten** ruhen lassen. Anschließend mit Speckstreifen belegen und **60 Minuten** im Ofen bei **200 °C** backen.

# Süße und fruchtige Desserts

# Verschleiertes Bauernmädchen

250 g Schwarzbrot

50 g Butter

100 g Zucker

2 Becher Sahne

1 Päckchen Vanillezucker

1 EL Schokoraspeln

4 TL Johannisbeergelee

4 Blättchen Zitronenmelisse

*Apfelkompott:*

2 Äpfel (Boskop)

1 Zimtstange

2 EL Zucker

1 EL Zitronensaft

Zuerst Apfelkompott herstellen. Dafür die Äpfel schälen, vierteln und ohne Kerngehäuse würfeln. Mit Zimt, Zucker, 3 EL Wasser und Zitronensaft zugedeckt bei mittlerer Hitze in **10 Minuten** weich kochen. Kalt stellen. Schwarzbrot zerkrümeln und mit Butter und Zucker anrösten. Erkalten lassen.

Die Sahne mit Vanillezucker steif schlagen. Dann die Brotkrümel, Apfelkompott und Sahne abwechselnd in Dessertgläser füllen. Mit Schokoraspeln und Johannisbeergelee garnieren.

Mit einem kleinen Blättchen Zitronenmelisse verzieren.

*Eine Grenzgängerin ist das „Verschleierte Bauernmädchen“: Das Rezept stammt ursprünglich aus Dänemark, in Schleswig-Holstein ist es als „Dänischer Apfelkuchen“ bekannt. Das Apfelkompott stellt das Bauernmädchen dar und die weiße Schlagsahne ist ihr Schleier.*

# Rote Grütze

250 g Erdbeeren

250 g Kirschen, entsteint

250 g rote Johannisbeeren

250 g Himbeeren

250 ml roter Fruchtsaft

75 g Sago

1 Stange Zimt

150 g Zucker

flüssige süße Sahne

Beeren waschen und von den Stielen befreien. Zimtstange und Sago mit dem Fruchtsaft in einen großen Topf geben und aufkochen. Sobald die Sagoperlen glasig sind, Zucker zugeben und erneut aufkochen, Die Früchte in den Topf geben, alles **2 Minuten** kochen, abkühlen lassen und über Nacht kühl stellen.
Mit flüssiger Sahne servieren.

Rote Grütze ist ein schleswig-holsteinisches Nationalgericht, das über die Landesgrenzen hinaus berühmt wurde.

## Ringreiten

*Das Ringreiten ist in Schleswig-Holstein weit verbreitet. Der Reiter benutzt ein Stechgerät und zielt in vollem Trab nach dem an einem langen Seil hängenden Ring. Geschicklichkeit und Wendigkeit sind wesentliche Vorbedingungen für den Sieg und das Lob der zahlreichen, begeisterten Zuschauer.*

*Friedrich Hebbel, der das Ringreiten aus eigener Anschauung kannte, zog daraus einen Vergleich:*

*„Wohl ist des Ringreitens buntes Gewühl*
*Ein getreues Abbild vom Lebensspiel:*
*Welche die Pferde gut zu reiten verstehn*
*Und gehörig vorwärts zum Ringe spähn,*
*Denen wird's beim Ringreiten gut ergehn."*

# Kohlallerlei mit Früchten und Vanilleeis

*je 50 g Blumenkohl, Broccoli, Weißkohl, Wirsingkohl und Kohlrabi*

*Saft von 1 Zitrone*

*100 ml Läuterzucker*

*5 cl Maraschino*

*250 g Früchte der Saison*

Blumenkohl und Broccoli in Röschen teilen, Weiß- und Wirsingkohl in feine Streifen schneiden, Kohlrabi in Rauten. Die Kohlsorten einzeln in kochendem Wasser bissfest garen und in Eiswasser abschrecken. Auf einem Sieb abtropfen lassen und mit Läuterzucker, Zitronensaft und Maraschino marinieren. Obstsalat wie üblich zubereiten und mit dem Kohl mischen.
Als Zugabe Vanilleeis.

# Buttermilchkaltschale

*1 1/2 l Buttermilch*

*200 g Schwarzbrot*

*100 g Zucker*

*Zitronenschale*

Das geriebene Brot einige Stunden vor dem Servieren in die Buttermilch geben. Dann mit Zucker und geriebener Zitronenschale abschmecken.

# Gebäck und Kuchen

# Knerken von der Hallig Langeneß

1 Bourbon-Vanilleschote

1 Ei

250 g Zucker

500 g Butter

900 g Weizenmehl Type 550

100 g Kartoffelmehl

4 TL Hirschhornsalz

Die Vanilleschote in sehr kleine Stücke schneiden und mit dem Ei und Zucker verrühren. In einem Topf die Butter schmelzen und nicht zu heiß werden lassen.

Weizenmehl, Kartoffelmehl und Hirschhornsalz miteinander vermengen und zusammen mit der geschmolzenen Butter nach und nach der Eimasse zugeben. Den Teig auf einer Tischplatte kräftig durchkneten, dann in ca. 3 Zentimeter dicke Stränge rollen und fingerdicke Scheiben abschneiden. Die runden Stücke werden, in der Mitte leicht auseinandergebrochen, auf ein gut gefettetes Backblech gelegt. Auf mittlerer Schiene bei **180 °C** ca. **20 Minuten** backen lassen.

Nachdem die Knerken abgekühlt sind, werden sie erneut bei **50 °C** etwa **30 bis 60 Minuten** zum Trocknen in den Backofen geschoben.

*Großmutter Hinrichsen von der Ketelswarf erzählte, dass im Ur-Rezept im Mörser zerstoßener Kardamom als Gewürz stand. Da man aber auf der Hallig selten Kardamom zur Hand hatte, ersetzte man ihn durch echte Bourbon-Vanille. Diese Rezeptveränderung hat sich bewährt.*

# Friesentorte

Mehl auf das Backbrett sieben, in die Mitte eine Vertiefung drücken, Wasser und Salz hineingeben und alles zu einem zähen, glatten, nicht klebrigen Teig verarbeiten. Wenn sich der Teig von Backbrett und Hand löst, einen Ball formen, kreuzförmig einschneiden und **30 Minuten** im Kühlschrank kalt stellen. Butter zu einem etwa einen Zentimeter starken Rechteck formen (kneten oder zwischen Pergamentpapier ausrollen) und ebenfalls kalt stellen. Den kalten Teig zu einem Rechteck in der doppelten Größe des Butterstückes ausrollen (am besten auf einer Marmorplatte). Das Butterstück auf die eine Hälfte des Teigs legen, die andere Hälfte darüber klappen, die Ränder fest zusammendrücken. Nun den Teig vorsichtig (rollen und ziehen, wenig aufdrücken) zu einem länglichen Streifen ausrollen, von den Schmalseiten her zur Mitte zusammenlegen und nochmals zusammenklappen, sodass vier Schichten entstehen. Nach dieser ersten Tour den Teig **30 Minuten** im Kühlschrank ruhen lassen, dann das Ausrollen und Zusammenlegen noch dreimal (insgesamt vier Touren) wiederholen, zwischendurch den Teig immer wieder gut kühlen. Beim Ausrollen möglichst wenig oder kein Mehl zugeben. Der Teig muss kalt sein, damit er nicht klebt.

Den fertigen Teig ruhen lassen, zu zwei Tortenböden verarbeiten und in den mit kaltem Wasser abgespülten Springformen (zwei Böden à 26 cm Ø) bei **210 bis 225 °C** ca. **20 Mi-**

**nuten** backen. Während der ersten **15 Minuten** die Ofentür nicht öffnen. Blätterteig muss gut durchgebacken sein, damit er nicht talgig schmeckt.

Pflaumenmus mit dem Zwetschgenwasser verrühren, einen Boden damit bestreichen. Schlagsahne mit dem Vanillezucker steif schlagen. Die Sahne auf das Pflaumenmus streichen. Den zweiten Boden in 16 Teile schneiden und mit Zuckerguss verzieren (oder mit Puderzucker bestäuben). Die Stücke auf die Sahne legen, leicht andrücken und mit Backpflaumen verzieren.

**Tipp:** Den Friesen-Boden gibt es in den örtlichen Geschäften auch fertig zu kaufen.

# Förtchen

4 Eier

250 g Mehl

1/4 l Sahne

Salz, Zucker

geriebene Zitronenschale

1/4 Würfel Hefe

1/4 l Milch

Die Eier aufschlagen und mit dem Mehl, etwas Salz, Zucker und etwas geriebener Zitronenschale zu einem Teig verarbeiten. Hefe mit Milch und Zucker auflösen und zum Teig geben. An einem warmen Ort kurz gehen lassen. Dann in einer ausgefetteten Förtchenpfanne von beiden Seiten backen. Mit Zucker bestreuen.

Dieses Gericht wird gern am Heiligen Abend oder zu Silvester zum Mittag gegessen.

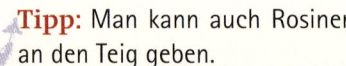

**Tipp:** Man kann auch Rosinen an den Teig geben.

84

Das größte Vergnügen aller Kinder in Schleswig-Holstein ist das „Rummelpottlaufen" zwischen St. Nikolaus und dem Dreikönigstag. Alle Jahre zur Schlachtzeit werden die Rummeltöpfe selbst gebastelt. Über einen irdenen Topf spannt man eine frische Schweinsblase und in die Mitte hinein wird ein hohles Schilfrohr gestoßen. Danach heißt es wegstellen und warten, bis die Schweinsblase stabil und zu einer Membrane geworden ist. Dann kann es losgehen. Mit der nassen Hand wird dieses Rohr auf und nieder gezogen, dabei entsteht das typische schaurig-schöne Schrumm-Schrumm, das die melodische Untermalung für die endlosen Strophen des Rummelpottliedes ist.

Die Kinder ziehen so von Haus zu Haus, phantasievoll vermummt und mit Beuteln und Taschen ausgestattet, denn mit dem Liedchen und dem Rummelpott „erbitten" sie allerlei süße Sachen: Förtchen und Äpfel, Zuckerkringel und Pfeffernüsse. Wer nichts gibt, muss sich Spottverse und andere zornige Lieder anhören.

Rummel, rummel, röten,
Giff mi wat in't Pöten,
Rummelpott steiht vör de Dör,
nu man mit den Koken her,
Appeln und Bern un Pepernöt
un de Förtchen in den Pütt,
Een, twee, dree, veer,
wenn't man'n lütt'n Appel weer,
lat mi nich so lange stahn,
ik mutt noch'n Huus wieder gahn!

# Butterkuchen

300 g Butter

450 g Zucker

1 Prise Salz

5 Eier

300 g Mehl

1 Päckchen Backpulver

100 g Schlagsahne

200 g gehobelte Mandeln

abgeriebene Schale von
1 Zitrone

5 EL Milch

Die Hälfte der Butter, 250 g Zucker und Salz verrühren, bis sich der Zucker gelöst hat. Eier nach und nach zufügen. Mehl und Backpulver mischen und mit der Sahne unterrühren. Teig auf ein gefettetes Blech streichen und im vorgeheizten Ofen bei **200 °C** etwa **15 Minuten** backen. Währenddessen übrige Butter, Zucker, Mandeln, Zitronenschale und Milch aufkochen. Auf den heißen Kuchen streichen und weitere **15 Minuten** backen.

# Preetzer Eierkringel

4 hart gekochte Eidotter

250 g Butter

60 g Zucker

250 g Mehl, Ei zum Bestreichen

Hagelzucker zum Bestreuen

Butter cremig rühren, feingeriebene Eidotter, Zucker und Mehl nacheinander dazugeben und zu einem Teig kneten (sehr wichtig: nicht zu lange kneten). Teig auf einem mit Mehl bestäubten Brett ausrollen. Kleine Kringel ausstechen, mit Ei bestreichen, mit grobem Hagelzucker bestreuen und hellbraun backen.

*„Kindjeespoppen"* sind Kuchen in Menschen- oder Tiergestalt, mit Kirschsaft oder Rote-Bete-Saft rot bemalt. Besonders beliebt sind Adam und Eva, Schwein und Hase, Hirsch, Schwan, Pferd und Reiter", so zitiert der Historiker Paul Selk einen Bericht über das ungewöhnlichste norddeutsche Weihnachtsgebäck. Es sind die Poppenstuten, auch Poppen oder Tiere genannt, Kindjeestüg oder Kojees oder ähnlich. Auf Föhr, Amrum, in Angeln und im Schleswiger Land wird das Gestaltengebäck noch oder wieder gebacken.

## Kindjeespoppen

| | |
|---|---|
| 125 g fein geriebene Mandeln | |
| 125 g Zucker | |
| 125 g kalte Butter | |
| 125 g Mehl, Rote Bete-Saft | |

Alle Zutaten ohne den Rote Bete-Saft miteinander mischen, kneten, etwa 7 mm dick ausrollen und Figuren ausstechen. Langsam auf einem mit Mehl bestreuten Blech hellfarbig backen. Nach dem Auskühlen an den Rändern mit etwas Rote Bete-Saft bemalen.

# Norddeutsche Trinkgenüsse

# Pharisäer

In eine größere angewärmte Tasse zur Hälfte frischen starken Kaffee, Rum und Zucker füllen und obenauf eine Sahnehaube setzen.

Nach alter Sitte darf man den Pharisäer nicht umrühren, man schlürft den heißen Kaffee genüsslich durch die kühle Sahnehaube hindurch.


# Dithmarscher Kaffee

1 Liter Wasser aufkochen. 12 TL gemahlenen Kaffee mit etwas Wasser und 1 Ei zu einem nicht zu dünnen Brei rühren. Dann ca. 1 Tasse kochendes Wasser unter den Brei rühren. Diesen Brei in das sprudelnd kochende Wasser geben und kurz aufkochen. **10 Minuten** ziehen lassen. Nach **5 Minuten** etwas kaltes Wasser über den Brei spritzen, damit sich der Kaffeesatz auf dem Boden absetzt. Dann den Kaffee wie gewohnt in die Kanne filtern. Dieser Kaffee lässt sich gut aufwärmen, denn er hat keinen bitteren Geschmack.

## Pharisäer: Das Nationalgetränk, das die Zunge löst, ist auf Nordstrand zu Hause.

Zugegeben, auch der friesische Pharisäer hat ein bisschen mit Heuchelei zu tun, denn er gibt vor, ein harmloser Kaffee zu sein, was aber nur ein Teil der Wahrheit ist. Der andere Teil heißt: Rum. Aber wer will darüber richten, dass etwas mehr ist, als es vorgibt zu sein?

Zumal gerade das Versteckte im Pharisäer so wohltuend wirken kann, besonders nach einem rauen Tag an der Küste. Dieser Pharisäer tut Gutes: Er wärmt die Glieder, und er löst die Zungen der sonst eher schweigsamen Küstenbewohner. Früher erreichte man diesen angenehmen Zustand mit Rum pur. Dem Nordstrander Pastor Bleyer jedoch war der Rumgenuss ein Dorn im Auge, und er wetterte wortgewaltig

von der Kanzel gegen die Dämonen des Alkohols. Die so gescholtenen Schäfchen zeigten Reue und entsagten dem teuflischen Getränk. Das jedenfalls glaubte der Pastor - bis zu jener Kindstaufe im Jahr 1872 auf der Insel Nordstrand, zu der er von der Familie des Bauern Peter Georg Johannsen im Elisabeth-Sophien-Koog eingeladen war.

Als der Pastor blieb und blieb, wies Johannsen das Küchenpersonal an, dem starken, heißen, süßen Kaffee einen Schuss Rum zuzugeben und alles zwecks Vermeidung des Alkoholduftes mit Sahne abzudecken. Durch eine Verwechslung bekam Pastor Bleyer nach einiger Zeit fröhlichen Umtrunks eine Tasse mit Rumzusatz. Nach dem ersten Schluck war ihm natürlich klar,

warum die Runde so fröhlich war, und er schmetterte ihnen laut entgegen „Ihr Pharisäer!" So bekam ein köstliches Getränk seinen Namen und erfreut sich bis in die heutige Zeit hinein ständig steigender Beliebtheit.

# Teepunsch

*Pro Tasse:*

1 TL schwarze Teeblätter

1 – 2  Stückchen Kandis

2 cl Flensburger Rum

Die Teekanne mit heißem Wasser ausspülen. Pro Person einen gehäuften Teelöffel Teeblätter in das Teesieb oder direkt in die Kanne geben. Siedend heißes Wasser aufgießen und **5 Minuten** ziehen lassen. Zuerst die Kluntjes in die Tasse geben. Dann den heißen Tee darüber gießen. Wenn die Kluntjes knisternd zersprungen sind, den angewärmten Rum hinzugeben.

# Angler Muck

1/2 l Flensburger Rum

4 EL Zucker

8 EL Zitronensaft

Rum mit 1/2 Liter Wasser erhitzen – das Wasser darf aber nicht kochen. Mit Zucker und Zitronensaft abschmecken. Heiß aus speziellen Muck- oder Grog-Gläsern trinken.

# Tote Tante

*Pro Person:*

starker, gesüßter Kakao

Rum, nach Belieben

Sahne

Den guten starken gesüßten Kakao in eine Tasse gießen, dazu die gewünschte Menge Rum und dann eine dicke Haube geschlagener Sahne obenauf. Wer mag, streut noch eine Prise Kakao oder Schokoraspel darauf.

# Rumgrog

*Je Glas:*

4 cl Flensburger Rum

2 Stück Würfelzucker

heißes Wasser nach Belieben

Das Wasser zum Kochen bringen und die angewärmten Groggläser zu 2/3 damit füllen. Den Würfelzucker hinzugeben und verrühren. Mit heißem Rum auffüllen.

Grog muss richtig heiß sein. Es ist ein Getränk nur für die kalte Jahreszeit. Er besteht bekanntlich aus Rum, Zucker und heißem Wasser. Eine alte Seemannsregel sagt: „Rum muss, Zucker kann, Wasser braucht nicht".

### Rum-Stadt Flensburg

*Die Rum-Produktion verbindet man mit der Stadt Flensburg. Hier war der Westindien-Handel von Dänemark (Flensburg gehörte damals zu Dänemark) und der Karibik seit dem 18. Jahrhundert die Grundlage. Aus der Karibik kamen der Rohrzucker und vor allem hochprozentiger Rum. So wurde hier in der Stadt in zahlreichen Raffinerien, Destillen und Rumhäusern aus Rohrzucker-Rohprodukten Rum destilliert, meist als Rum-Verschnitt. Dabei handelt es sich um eine Mischung aus Original-Rum, Wasser und neutralem Alkohol. Das Rum-Haus Johannsen in der Marien-straße (siehe Foto) ist das älteste in der Stadt.*

*Gleichzeitig ist die Rum-Stadt Flensburg die nördlichste in Deutschland. Diese Ehre ist Flensburg nicht nur wegen seiner Kaufleute zuteil geworden, sondern vor allem wegen des reinen und weichen Flensburger Wassers. Der aus Jamaika kommende hochprozentige Rum wird nämlich damit auf die Trinkstärke von etwa 50 % verfeinert.*